アセアン諸国の
労務管理ハンドブック

加盟10ヵ国の経済環境と労働・社会保障関係法令のポイント

小堀景一郎・政岡英樹・山田恵子［編著］
大野壮八郎・太田育宏・中村洋子・山地ゆう子［著］

ASEAN

清文社

まえがき

　今、アジアの経済が脚光を浴びています。2011年7月に発表された国連貿易開発会議（UNCTAD）の世界都市報告書2011年版によれば、アジアを含む新興市場への直接投資が飛躍的に伸びており、今後もしばらくこの傾向は続くものと予測されています。アジアの経済発展において中心的な役割を担っているのは東南アジア諸国連合（アセアン）です。そのアセアンが、2015年に域内統合を実現させ、ますます国際競争力を高めようとしています。

　日本の企業は現在、「六重苦」を背負っているといわれています。すなわち、円高、高い法人税率、電力不足、貿易自由化の遅れ、労働規制、温暖化ガス規制という6つのハードルが日本企業を苦しめているのです。少子高齢化の影響もあり国内のマーケットが行き詰まりを見せる中、ビジネスチャンスを求めて海外に事業展開する企業が増えています。アセアン側でも、外国からの投資誘致を最重要政策として投資環境の整備に努めています。今こそ、アセアンに活路を見出すチャンスです。

　海外への進出を成功させるためには、まず十分な事前調査が必要です。華々しい経済成長がクローズアップされる中、進出したものの事業の縮小・撤退を余儀なくされる企業も少なからずあることを忘れてはなりません。またひとくくりにアセアンといっても、民族・地理的特性・歴史的経緯・経済発展の度合いなど、どれをとっても実に多種多様な国々の集まりですから、それぞれの国の実情を知ることが大切です。

　海外に投資するにあたって、文化・慣習の異なる外国での労務管理は進出企業にとって悩ましい問題のひとつです。しかし、必要な人材を雇う際に知っておくべき労働法・社会保障関連の制度についての情報はなかなか得難いのが現状です。

そこで、社会保険労務士による自主研究会「国際労働社会保険法研究会」では、アセアン諸国の労働法・社会保障制度についての調査・研究を行い、このたび本書を発刊する運びとなりました。アセアン全加盟国の労働法や社会保障関連の制度を網羅した情報はなかなか得難く、進出を検討するにあたっての貴重な情報源として活用していただけるものと思います。

　アセアン諸国への進出を模索する中小企業の経営者だけでなく、すでに進出している日系企業のビジネスマンや、アセアンの労働法・社会保障関連の制度の研究者の方々にも役立てていただければ幸いです。

　本書の上梓にあたり、出版社へのご紹介の労をお取り頂きました尼崎納税協会の山本肇志氏、および出版に対するご援助、ご支援を頂いた清文社の代表取締役小泉定裕社長、編集部の髙橋祐介氏に厚く感謝を申し上げます。

2011年12月
国際労働社会保険法研究会代表
小堀　景一郎

アセアン諸国の労務管理ハンドブック｜目次

第1章　アセアン（東南アジア諸国連合）の概要

 Ⅰ　アセアン（東南アジア諸国連合）の基礎知識　2
 Ⅱ　アセアン市場　5
 Ⅲ　環太平洋パートナーシップ（ＴＰＰ）　8
 Ⅳ　アセアンと日本の関係　10

第2章　各国の地域情勢及び労働情勢

 Ⅰ　アセアン諸国の地域情勢　14
 Ⅱ　アセアン諸国の進出状況　16
 Ⅲ　アセアン諸国と日本の情報ネットワーク構想　18
 Ⅳ　労働事情　20
 Ⅴ　ＩＬＯと日本・アセアン諸国との関係について　21
 Ⅵ　日系企業の進出の多い工場団地・輸出加工区・経済特区　23
 Ⅶ　各国の地域商工業支援団体及び日本人会　27

第3章　加盟10ヵ国の概要

インドネシア共和国 ………………………………………………………… 33
 Ⅰ　インドネシアの概況……………………………………………………… 34
 Ⅱ　労働法・社会保障法の概要 …………………………………………… 40
  1　労働関係法　40
  2　社会保障関連法　53
  3　労働者福祉関連法　58
  4　職業能力開発関連法令　59
  5　労働事情　59
  6　労働・社会保障法令の改正動向　61

シンガポール共和国 ………………………………………………………… 65
 Ⅰ　シンガポールの概況……………………………………………………… 66
 Ⅱ　労働法・社会保障法の概要 …………………………………………… 70

(1)

1　労働関係法　71
　　　2　社会保障関連法　81
　　　3　労働者福祉関連法　83
　　　4　職業能力開発関連法令　84
　　　5　労働事情　84
　　　6　労働・社会保障法令の改正動向　85

タイ王国 ……………………………………………………………… 87
　Ⅰ　タイの概況 ……………………………………………………… 88
　Ⅱ　労働法・社会保障法の概要 …………………………………… 92
　　　1　労働関係法　92
　　　2　社会保障関連法　103
　　　3　労働者福祉関連法　107
　　　4　職業能力開発関連法令　107
　　　5　労働事情　107
　　　6　労働・社会保障法令の改正動向　108

フィリピン共和国 ………………………………………………… 111
　Ⅰ　フィリピンの概況 ……………………………………………… 112
　Ⅱ　労働法・社会保障法の概要 …………………………………… 116
　　　1　労働関係法　116
　　　2　社会保障関連法　122
　　　3　労働者福祉関連法　125
　　　4　職業能力開発関連法令　125
　　　5　労働事情　126

マレーシア ………………………………………………………… 127
　Ⅰ　マレーシアの概況 ……………………………………………… 128
　Ⅱ　労働法・社会保障法の概要 …………………………………… 132
　　　1　労働関係法　132
　　　2　社会保障関連法　145
　　　3　労働者福祉関連法　149
　　　4　職業能力開発関連法令　149
　　　5　労働事情　150

  6　労働・社会保障法令の改正動向　151
ブルネイ・ダルサラーム国 ……………………………………………… 153
 Ⅰ　ブルネイの概況 ……………………………………………………… 154
 Ⅱ　労働法・社会保障法の概要 ………………………………………… 158
  1　労働関係法　158
  2　社会保障関連法　165
  3　労働者福祉関連法　168
  4　職業能力開発関連法令　168
  5　労働事情　169
  6　労働・社会保障法令の改正動向　169

ベトナム社会主義共和国 ………………………………………………… 171
 Ⅰ　ベトナムの概況 ……………………………………………………… 172
 Ⅱ　労働法・社会保障法の概要 ………………………………………… 176
  1　労働関係法　176
  2　社会保障関連法　189
  3　労働者福祉関連法　191
  4　職業能力開発関連法令　192
  5　労働事情　192
  6　労働・社会保障法令の改正動向　192

ミャンマー連邦共和国 …………………………………………………… 195
 Ⅰ　ミャンマーの概況 …………………………………………………… 196
 Ⅱ　労働法・社会保障法の概要 ………………………………………… 200
  1　労働関係法　200
  2　社会保障関連法　202
  3　労働者福祉関連法　204
  4　職業能力開発関連法令　204
  5　労働事情　204

ラオス人民民主共和国 …………………………………………………… 207
 Ⅰ　ラオスの概況 ………………………………………………………… 208
 Ⅱ　労働法・社会保障法の概要 ………………………………………… 212
  1　労働関係法　212

2　社会保障関連法　217
　　3　労働者福祉関連法　219
　　4　職業能力開発関連法令　220
　　5　労働・社会保障法令の改正動向　220

カンボジア王国 …………………………………………………… 223
　Ⅰ　カンボジアの概況 ……………………………………………… 224
　Ⅱ　労働法・社会保障法の概要 …………………………………… 230
　　1　労働関係法　230
　　2　社会保障関連法　236
　　3　労働者福祉関連法　239
　　4　職業能力開発関連法令　239
　　5　労働事情　240
　　6　労働・社会保障法令の改正動向　241

【執筆者紹介】

第1章・第2章	執筆責任者：小堀景一郎
	執筆協力者：政岡英樹　山田恵子
第3章　インドネシア	執筆責任者：山地ゆう子
シンガポール	執筆責任者：大野壯八郎
タイ	執筆責任者：山田恵子
フィリピン	執筆責任者：小堀景一郎
マレーシア	執筆責任者：太田育宏
ブルネイ	執筆責任者：山田恵子
ベトナム	執筆責任者：政岡英樹
ミャンマー	執筆責任者：小堀景一郎
ラオス	執筆責任者：小堀景一郎
カンボジア	執筆責任者：中村洋子

アセアン（東南アジア諸国連合）の概要

I ── アセアン（東南アジア諸国連合）の基礎知識

　1967年にアセアン設立宣言（通称「バンコク宣言」）により、インドネシア、マレーシア、フィリピン、シンガポール、タイの5ヵ国が、域内における①経済成長、社会・文化的発展の促進、②政治・経済的安定の確保、③諸問題の解決を目的に設立されました。後にブルネイ、ベトナム、ラオス、ミャンマー、カンボジアの5ヵ国が加盟し現在のようなASEAN（東南アジア諸国連合＝Association of South East Asian Nations）となりました。

加入年	加入国
1967年8月8日	インドネシア、マレーシア、フィリピン、シンガポール、タイ
1984年1月8日	ブルネイ
1995年7月28日	ベトナム
1997年7月23日	ラオス、ミャンマー
1999年4月30日	カンボジア

　1997年の第2回ASEAN非公式首脳会議において、「ASEANビジョン2020（ASEAN Vision 2020）」を採択され、2020年までにASEAN共同体実現が初めて明記されました。

　2003年10月の第9回ASEAN首脳会議においては、「第二ASEAN共和宣言（バリ・コンコードⅡ）が採択され、「ASEAN安全保障共同体（ASC）」、「ASEAN経済共同体（AEC）」及び「ASEAN社会・文化共同体（ASCC）」の3つの共同体形成を通じたASEAN共同体の実現を目指すことが宣言されました。

(1)　ASEAN共同体

　地域における永続的な平和、安定及び共有される繁栄を保障することを目指し、「ASEAN安全保障共同体（ASC）」、「ASEAN経済共同体（AEC）」及び「ASEAN社会・文化共同体（ASCC）」の3つの共同体形成を通じて実現を目指す共同体構想です。

(2) ASEAN安全保障共同体（ASC）

包括的な政治・安全保障協力を通じた地域の平和、安定、民主主義及び繁栄を強化することをテーマに5つの戦略目標を掲げています。

（戦略目標の要点）

① 人権の促進、法の支配・司法制度・法制度・良い統治などの相互支持・支援などの政治的発展

② ASEAN憲章制定の準備、非ASEAN諸国の友好協力条約（TAC）加入奨励、南シナ海の当事者の行為に関する宣言の完全実施などの規範の形成と共有

③ 軍事関係者の交流、軍事政策の透明性促進、早期警戒制度、ASEAN地域フォーラム（ARF）の強化、国境を越える問題への対処などの紛争予防

④ 平和維持センターの活用などの紛争解決

⑤ 人道支援、人材育成プログラムの実施などの紛争後の平和構築

(3) ASEAN経済共同体（AEC）

より緊密な経済統合を通じ経済成長及び開発のための競争力を強化することをテーマに12の戦略目標を掲げています。まとめると以下のようになります。

（戦略目標の要点）

① 単一市場・生産拠点に向けた統合プロセスを加速化

② 11の重点セクターで2010年までに統合
　1．農業産品、2．自動車、3．エレクトロニクス、4．漁業、5．ゴム製品、6．繊維・アパレル、7．木材産品、8．航空旅行業、9．e-ASEAN（ICT）、10．保健医療、11．観光

③ 投資の自由化・円滑化・促進などのASEAN投資地域の推進

④ 先進ASEAN 6は2010年まで、後発ASEAN 4（カンボジア、ラオス、ミャンマー、ベトナム）は2015年までの域内関税撤廃などの貿易自由化

⑤ サービス貿易、金融協力、交通、通信・IT、科学技術、エネル

ギー、食料・農業・森林、制度強化の発展
⑥ FTA、CEPを通じた対話国との経済関係強化

(4) ASEAN社会・文化共同体（ASCC）

調和のある人間中心のアセアンにおける持続可能な開発のための人、文化、自然資源を育てることをテーマの4つの戦略目標を掲げています。

（戦略目標の要点）

① 貧困削減、教育アクセス促進、婦女子老人支援、健康問題、HIV/AIDS等感染症対策、薬物対策などによる思いやりのある社会の構築
② 人材育成などによる経済統合の社会的影響の管理
③ 環境、天然資源及び生活の質を確保するため持続可能な開発のメカニズムを確立
④ 芸術、観光、スポーツ、ASEAN言語の促進などを通じたASEANアイデンティティ（共通認識）の促進

2004年の第10回ASEAN首脳会議では、「ビエンチャン行動計画」が採択され、ASEAN共同体の実現へ向けての中期計画が発表されました。

2007年の第12回ASEAN首脳会議において、ASEAN共同体を5年前倒しし2015年に創設すると決定しました。

2007年11月の第13回ASEAN首脳会議ではASEAN憲章が調印されました。ASEAN憲章は、2015年に創設されるASEAN共同体の基本法となるものです。

Ⅱ──アセアン市場

　アセアン諸国は、国ごとに異なる発展段階があり、そこには多種多様な文化、人口構成、民族、言語、宗教、所得水準、国土の広さ、産業、技術水準などがあります。10ヵ国からなる自由貿易地域は、人口5億8,000万人を超え消費市場としてはEUや米国の規模を上回ります。アセアン加盟国の現況（2009年）は、表1の通りです。

【表1　アセアンの現況（2010年）】

面積	448万km²	日本（38万km²）の約12倍	世界（1億3,395万km²）の3.3%
人口	5億8,717万人	日本（1億2,738万人）の4.6倍	世界（68億5,521万人）の8.6%
GDP	1兆8,436億米ドル	日本（5兆4,978億米ドル）の33.5%	世界（63兆488億米ドル）の2.9%
1人当たり名目GDP	3,140米ドル	日本（43,161米ドル）の7.3%	世界平均（9,197米ドル）の34.1%
貿易（輸出＋輸入）	2兆1,172億米ドル	日本（1兆4,657億米ドル）の1.4倍	世界（30兆5,126億米ドル）の6.9%

出所：「目で見るASEAN」、経済産業省
　　　World Bank, 2001 World Development Indicators.
　　　IMF, Direction of Trade Statistics Yearbook 2011
注　：1人当たりGDPは、GDPを人口で除して試算

　アセアンは他の地域経済統合体との比較では、GDPや貿易量では劣りますが、人口規模において上回っています。（表2、表3を参照）人口は、国連の予測によれば、2030年には7億人を超え、2050年には7億7,000万人になるとされています。中国、インドに次ぐ巨大市場になることになります。

　また、物流においてはアセアン市場の関税撤廃などの貿易自由化により、域内の物流が盛んになることが予測できます。その物流の骨格となるものが道路網です。経済成長戦略におけるインフラ整備計画として域内の道路網の開発が行われています。これは、インドシナ半島ではミャンマー（モーラミャン）からタイ、ラオスの国境を越えてベトナム（ダナン）を結ぶ東西経済回廊、そして、ベトナム（ホーチミン）からカン

【表2　他の地域経済統合体との比較（2010年）】

	加盟国	人口	GDP（億米ドル）	1人当たりGDP（米ドル）	貿易（輸出＋輸入）
ASEAN	10ヵ国	5億8,717万人	1兆8,436	3,140	2兆1,172億米ドル
欧州連合（EU）	27ヵ国	5億210万人	16兆2,503	3万2,365	10兆1,585億米ドル
北米自由貿易協定（NAFTA）	3ヵ国	4億5,241万人	17兆1,961	3万8,010	4兆6,465億米ドル
南米共同市場（メルコスール）	5ヵ国	2億7,426万人	2兆9,032	10,585	6,861億米ドル

出所：「目で見るASEAN」、経済産業省
　　　World Bank World Development Indicators
　　　IMF, Direction of Trade Statistics Yearbook 2011
注　：1人当たりGDPは、GDPを人口で除して試算

【表3　人口GDP、1人当たりGDP（2010年）】

	国名	人口/100万人	GDP	1人当たりGDP（米ドル）	GDP実質成長率
1	インドネシア	237.641	707（10億米ドル）	3,005	6.1%
2	フィリピン	93.617	188.7（10億米ドル）	2,016	7.6%
3	ベトナム	89.029	106（10億米ドル）	1,195	6.78%
4	タイ	68.139	318.9（10億米ドル）	4,680	7.8%
5	ミャンマー	50.496	－	－	7.9%（2009年推計値）
6	マレーシア	28.400	236,373（100万米ドル）	8,323	7.2%
7	カンボジア	15.053	11.6（10億米ドル）	814	5.9%
8	ラオス	6.436	6.4（10億米ドル）	996	7.6%（2009年）
9	シンガポール	4.837	222,700（100万米ドル）	46,041	14.5%
10	ブルネイ	0.414	169億ブルネイドル（2010年名目）	38,400ブルネイドル（2009年名目）	2.6%
	ASEAN	581.7	1,843.6（10億米ドル）	3,140	7.1%
	日本	125.35	5,497.8（10億米ドル）	43,161	2.3%

出所：ジェトロ及び外務省、内閣府データに基づき筆者加工（小数点第2以下四捨五入）

ボジア、タイを結ぶ第二東西経済回廊が整備されつつあります。また、中国（昆明）からラオス、タイ（バンコク）を結ぶ南北経済回廊も計画されています。さらに、インドネシアにおいてもその計画が進んでいます。インドネシアは、島嶼（とうしょ）国家でその道路網も6つに分けられています。この道路網の整備などを通して、資源開発（鉱山資源・海洋資源）、農林水産業、観光、通信など投資先としてまた消費市場として大変魅力が出てきます。

インドネシアの6つの経済回廊

① 東スマトラ－北西ジャワ間の経済回廊
② 北ジャワの経済回廊
③ カリマンタンの経済回廊
④ 西スラウエシの経済回廊
⑤ 東ジャワ－東ヌサ・トゥンガラ間の経済回廊
⑥ パプワの経済回廊

出所：経済産業省

Ⅲ──環太平洋パートナーシップ（ＴＰＰ）

　アセアン諸国の労務管理にあたりTPP（環太平洋パートナーシップ協定）については各社の業種によって検討する必要があります。検討する項目は大きく分けて21分野（実質24分野）あります。

　既にテレビや新聞でも紹介されていることですが、日本政府は交渉参加を表明しました。今後、各作業部会での交渉内容に注視することになります。

　アセアン諸国で現在TPP参加国はベトナム、マレーシア、ブルネイ、シンガポールとなっています。

	作業部会	交渉で扱われる内容
1	物品市場アクセス	物品の貿易に関して、関税の撤廃や削減の方法等を定める。また、「物品ルール」として内国民待遇など物品貿易に係るWTO・GATTの基本的なルールを確認し、輸出入に係る規制の撤廃などの追加的なルールについても定める。
2	原産地規則	関税の減免の対象となる「締約国の原産品」（締約国で生産された産品）として認められる基準や証明制度等について定める。
3	貿易円滑化	貿易規則の透明性の向上や貿易手続きの簡素化等について定める。
4	ＳＰＳ（衛生植物検疫）	食品の安全を確保したり、動物や植物が病気にかからないようにするための措置（ＳＰＳ措置）の実施に関するルールについて定める。
5	ＴＢＴ（貿易の技術的障害）	安全や環境保全等の目的から製品の特質やその生産工程等について「規格」が定められることがあるところ、これが貿易の不必要な障害とならないように、「強制規格」（法令で義務付けられるもの）及び「任意規格」（法令で義務付けられないもの）並びに、これらの規格を満たしているかを評価する適合性評価手続に関するルールを定める。
6	貿易救済（セーフガード等）	ある産品の輸入が急増し、国内産業に被害が生じたり、そのおそれがある場合、国内産業保護のために当該産品に対して、一時的にとることのできる緊急措置（セーフガード措置）について定める。
7	政府調達	中央政府や地方政府等による物品・サービスの調達に関して、内国民待遇の原則や入札の手続等のルールについて定める。

8	知的財産	知的財産の十分で効果的な保護、模倣品や海賊版に対する取締り等について定める。
9	競争政策	貿易・投資の自由化で得られる利益が、カルテル等により害されるのを防ぐため、競争法・政策の強化・改善、政府（競争当局）間の協力等について定める。
10	越境サービス貿易	国境を越えるサービスの提供（サービス貿易）に対する無差別待遇や数量規制等の貿易制限的な措置に関するルールを定めるとともに、市場アクセスを改善する。
11	商用関係者の移動	貿易・投資等のビジネスに従事する自然人の入国及び一時的な滞在の要件や手続等に関するルールを定める。
12	金融サービス	金融分野の国境を越えるサービスの提供について、金融サービス分野に特有の定義やルールを定める。
13	電気通信サービス	電気通信サービスの分野について、通信インフラを有する主要なサービス提供者の義務等に関するルールを定める。
14	電子商取引	電子商取引のための環境・ルールを整備する上で必要となる原則等について定める。
15	投資	内外投資家の無差別原則（内国民待遇、最恵国待遇）、投資に関する紛争解決手続等について定める。
16	環境	貿易や投資の促進のために環境基準を緩和しないこと等を定める。
17	労働	貿易や投資の促進のために労働基準を緩和すべきでないこと等について定める。
18	制度的事項	協定の運用等について当事国間で協議等を行う「合同委員会」の設置やその権限等について定める。
19	紛争解決	協定の解釈の不一致等による締約国間の紛争を解決する際の手続きについて定める。
20	協力	協定の合意事項を履行するための国内体制が不十分な国に、技術支援や人材育成を行うこと等について定める。
21	分野横断的事項	複数の分野にまたがる規制や規則が、通商上の障害にならないよう、規定を設ける。

政府資料を参考に筆者が加工

Ⅳ──アセアンと日本の関係

　日本とアセアンの交流の歴史は古く、8世紀ごろの遣唐使の時代に、遣唐使を乗せた船が東シナ海の暴風雨に遭いインド半島に漂流した時から始まり、15世紀から16世紀ごろの琉球王国による中継貿易の時代、16世紀から17世紀にかけての朱印船貿易時代から太平洋戦争の時代を経て、戦後1960年から現在に至っています。

　朱印船貿易時代にはアユタヤ（タイ）の日本人町が繁栄し、ベトナム、カンボジア、フィリピンなどにも日本人町・居住地ができました。ASEAN地域と縁の深い歴史上人物として、アユタヤ日本人町で活躍した山田長政やマニラではキリシタン大名の高山右近などが有名です。

　戦後の日本の経済技術協力はアセアンの経済発展に貢献しました。また、アセアンにとっては、日本は最大のODA（政府開発援助）供与国になりました。1977年、当時の福田赳夫総理は、フィリピンにて、(1)日本は軍事大国にならない、(2)ASEANと「心と心の触れあう」関係を構築する、(3)日本とASEANは対等なパートナーである、という3つのASEAN外交原則（福田ドクトリン）を示しました。翌1978年には日・ASEAN外相会議が開催され、日本はASEANにとって初の「対話国」として協力関係をスタートさせました。

日ASEAN関係略史	
1967年	ASEAN設立
	「日ASEAN合成ゴムフォーラム」開催
1973年	最初の協力関係
1977年	福田赳夫総理（当時）がマニラで「福田ドクトリン」を表明
	初の日・ASEAN首脳会議開催
1978年	初の日・ASEAN外相会議開催
1981年	東京に「日本アセアンセンター」開設
1997年	アジア経済危機
	日本は800億ドルの支援実施を表明
	第3回日・ASEAN首脳会議開催（以後、毎年開催）

2003年	日・ASEAN特別首脳会議「東京宣言」
2005年	「日ASEAN戦略的パートナーシップの深化・拡大」に関する共同声明採択
2008年	日・ASEAN包括的経済連携（AJCEP）発効

出所：外務省

【参考資料】
アセアンセンター〈http://www.asean.or.jp/ja/〉
「目で見るASEAN-ASESAN経済統計基礎資料」、経済産業省、アジア大洋州局地域政策課、2009年10月〈http://www.mofa.go.jp/mofaj/area/asiakeizai/asean/gaiyo.html〉
外務省〈http://www.mofa.go.jp/mofaj/〉
内閣府〈http://www.cao.go.jp/〉
経済産業省〈http://www.meti.go.jp/〉
『ASEANマーケティング』、フィリップ・コトラー、ヘルマワン・カルタジャ、ホイ・デンファン、マグロウビル・エデュケーション

各国の地域情勢及び労働情勢

I ── アセアン諸国の地域情勢

　日本とアセアン諸国との関係は、貿易の交流としては古くからの歴史がありますが、貿易という形ではなく、日本企業が現地に工場を設けるなど生産拠点として本格的にアセアン諸国へ進出する契機となったのは1960年代のことです。

　当時の時代背景としては、1960年代にアセアン諸国が一斉に自動車国産化政策をとったことが原因となり、日本の自動車メーカーは、アセアン諸国内での国産化計画を余儀なくされました。1970年代のオイルショックを経て、1985年のプラザ合意における円高が影響し、1980年後半には日本の自動車産業のアセアン諸国進出は加速度を増していきます。

　現在、日本からアセアン諸国への進出、投資、貿易は軒並み増加の傾向です。背景としては、円が好調で、円高の国際経済状態が、"日本企業が海外へ進出しやすい状況"を作り出し、進出先の一つとしてアセアン諸国を選ばれているものと考えられます。

　企業の進出には人材の問題があります。日本企業側から見るとグローバル人材の育成・確保の問題であったり、進出先企業側から見ると日本企業を理解し、国際公用語（英語）でのコミュニケーションができる人材の確保の問題となります。

　人材の確保の面では、アセアン諸国からの日本への留学生数が増加傾向にあり、日本側が望む人材が以前より増加する傾向にあります。また、1960年代と異なり、日本企業が進出する中で培ってきた信頼関係により、アセアン諸国にとって、日本はビジネスパートナーシップの取れる国として認識されている土台がしっかりと積み重ねられています。

　労働事情としては、外資系企業の進出がさかんなこともあり、世界の水準から比較すると発展途上の国であっても労働法の整備は比較的行われている傾向にあります。教育水準や職業訓練の制度も国毎に独自の制度設計を行っており、アセアン諸国発展の維持のため、人材育成に力を

入れている傾向にあります。

　とはいえ、労働法では、生産性を重視した長時間労働を想定した制度設計となっております。労働者の法定労働時間を比較すると、日本では、労働基準法により1週間の労働時間が40時間労働時間制であるのに対し、アセアン諸国では、1週間48時間労働時間制の傾向が特徴です。また、一方、時間外割増賃金・休日割増賃金・深夜割増賃金の割増率は、他の諸外国と同様、日本より割高な水準での法整備が行われています。

　近年、グローバル経済が発展していく中、アセアン諸国の位置づけが変わりつつあります。生産拠点から消費市場として重要な位置づけを確立しつつある現在において、日本企業の進出形態も生産拠点から消費拠点へと緩やかに移行しつつあります。

　以上の状況を踏まえ、アセアン諸国の地域情勢の実態と労働事情について、日本企業が進出するにあたり、判断の基準となる資料をご紹介します。

II──アセアン諸国の進出状況

アセアン諸国の主要産業は、以下の通りです。

【アセアン諸国の主要な産業】

国名	主要な産業	国名	主要な産業
インドネシア	工業、鉱業、農業	ブルネイ	石油、天然ガス
マレーシア	製造業、農林業、鉱業	ベトナム	工業、鉱業、農業
フィリピン	農林水産業	ラオス	農業、サービス業、工業
シンガポール	製造、商業、運輸・通信	ミャンマー	農業
タイ	製造業、農業、水産業	カンボジア	観光・サービス業、農業

出所:「各国・地域情勢」、外務省

アセアン諸国の日本企業進出先の工場用地、首都圏の危険度情報は以下の通りです。

渡航の危険情報は本章終わりの参考資料に記載してある外務省の海外安全ホームページで最新情報を確認できます。

【アセアン諸国の危険情報】

国名	危険情報	国名	危険情報
インドネシア	十分注意してください	ブルネイ	危険情報なし
マレーシア	十分注意してください	ベトナム	危険情報なし
フィリピン	十分注意してください	ラオス	十分注意してください
シンガポール	危険情報なし	ミャンマー	十分注意してください
タイ	十分注意してください	カンボジア	十分注意してください

出所:「地域別危険情報一覧」、外務省

日本企業の進出している業種のベスト3は以下の通りです。

【各国の進出企業の多い業種ベスト3】

国名	第1位	第2位	第3位
インドネシア	製造業（輸送機器）	製造業（電機機器）	製造業（化学）
マレーシア	製造業	金融・保険	通信業
フィリピン	製造業	民間サービス	電力
シンガポール	観光・流通・サービス業	製造業（電機機器）	製造業（化学）
タイ	製造業（自動車メーカー）	製造業（精密機器）	食品加工業
ブルネイ	自動車代理店	総合商社（石油化学）	建設業
ベトナム	製造業（輸出加工）	製造業（組立加工）	流通業・サービス業

ラオス	総合商社（貿易）	建設業	繊維業
ミャンマー	製造業（衣類と履物）	漁業	観光業
カンボジア	製造業	総合商社	食品加工業

Ⅲ——アセアン諸国と日本の情報ネットワーク構想

　日本政府とアセアン諸国の間では、東南アジアの経済発展のために、協力する体制が構築されています。日本が1981年にアセアン諸国との貿易・投資・観光の促進を目的に、設立された「ASEAN-JAPAN CENTRE（東南アジア諸国連合貿易投資観光促進センター）」という国際機関の他、定期的な会合が行われています。

　2010年10月のASEAN首脳会議で採択されたASEAN連結性マスタープランでは、ブロードバンド網へのアクセスを確保することが日本の重要課題の一つとして取り上げられています。情報ネットワークの構築により、アセアン諸国の経済の活性化を図り、インフラ等の社会的課題を解決し、アセアン諸国同士の連結を深めるという役割を担っていきたいところです。

　2011年7月にASEAN情報通信大臣級会合で合意されたASEAN ITCマスタープランでは、2015年を年次目標とし、高速かつ多機能なITCインフラを用いて人と人、モノとモノをつなぐアセアンスマートネットワーク構想（仮称）を提案しています。具体的な内容にとしては、地域のITC主導型の成長、グローバルなITCハブの構築、地域の人々の生活の質を高めること、アセアン諸国のつながり強化などを目標にし、必要性として、アセアン諸国の経済改革、インフラ整備、人材教育を強化することなどを挙げています。

　IT普及の基本指標としては、インターネットの世帯普及率と並んで携帯電話の普及率は重要です。特に携帯電話の普及率は、その地域の現在の経済発展状況を知ることができる指標です。2010年の世界の携帯電話普及率の平均は76.1％ですので、携帯電話の普及率が高い国では、FAX、電話、書類等ではなく、日本と同様メール・携帯電話等のやり取りが可能です。シンガポールは、早期から一人1台以上所有しており情報化社会の様子が窺えます。

【携帯電話普及率（%）】

国名	2005	2006	2007	2008	2009
日本	75.7	78.3	82.6	86.7	90.4
インドネシア	21.4	28.8	41.6	61.8	69.3
マレーシア	76.3	74.6	87.9	102.6	110.6
フィリピン	40.7	49.2	64.6	75.4	81.0
シンガポール	102.8	109.7	132.1	138.2	140.4
タイ	47.2	61.2	79.1	92.0	122.6
ベトナム	11.4	18.2	27.2	80.4	100.6
ブルネイ	64.1	74.0	78.9	104.0	106.7
ラオス	11.2	16.9	24.3	32.6	51.2
ミャンマー	0.3	0.4	0.50	0.7	0.9
カンボジア	7.7	12.2	18.0	29.1	37.8

出所：ICT World Telecommunication/ICT Indicators 2010

Ⅳ──労働事情

　労働コストの上昇は、進出企業にとって気がかりな要因です。アセアン諸国の賃金上昇率を調べてみました。平均給与統計をとっている国が少なく、国の平均給与統計のない国は、最低賃金を基本として賃金上昇率を調べています。

　アセアン諸国全体としては、賃金上昇が過熱しており、一部で5％以内の安定した賃金上昇率の国がある一方で、半数の国において、10％前後の高い賃金上昇率で推移しています。

　最低賃金についても日本のように毎年更新ではなく、何年か毎に政府の政策で急上昇する年がある国があります。各国の賃金上昇率は以下となっています。

【賃金上昇率】

国名	2007→2008	2008→2009	2009→2010	備考
日本	2.3%	1.0%	1.2%	全国最低賃金の加重平均より
インドネシア	7.5%	14.2%	6.7%	各年8月の平均給与を比較。※1
マレーシア	5.6%	5.9%	4.2%	年間の給与所得者平均を比較。※2
フィリピン	1.0%	1.5%	—	※3
シンガポール	4.2%	△0.4%	5.5%	年間の総賃金の平均を比較。
タイ	6.5%	12.5%	7.5%	年間の平均給与を比較。※4
ベトナム	15%	20%	12%	（第1種地域）ハノイ市、ホーチミン
ブルネイ	—	—	—	最低賃金・給与統計調査なし。
ラオス	—	20.0%	—	2009年5月、最低賃金20％上昇。
ミャンマー	—	—	—	データなし
カンボジア	—	—	9%	※5

※1　最低賃金；2008年：10.4％上昇、2009年：12.9％上昇、2010年：8.3％上昇
※2　2011年インド人に最低賃金適用
※3　最低賃金；2011年2年ぶり22ペソ引き上げ
※4　最低賃金；2008年：1.8％上昇、2010年：1.1％上昇。2012年：最大40％上昇
※5　2010年繊維・靴製造業の最低賃金上昇（US$56→US$61）/2010年9月のストライキの結果によりUS$61→US$93の可能性あり

Ⅴ──ILOと日本・アセアン諸国との関係について

　アセアン諸国は全て国際労働機関（ILO）へ加盟しており、結社の自由、児童労働、強制労働、雇用差別、最低賃金、労働時間、休日と休暇などILO条約の規定が各国の労働法規に反映されています。アセアン諸国の労働法規の背景にはILO条約があるのです。アセアン諸国は国際基準を視野に入れながら労働法の整備を行ってきました。

　また、日本は、ILO設立当初からの加盟国であり、ILOの活動に一貫して協力しています。ここで、日本とアセアン諸国とのつながり強化あるいは、日本からのアセアン諸国への働きかけにILOが関与しています。まず、日本が協力しているILO事業の一つに「ASEAN地域における環境整備事業」があります。ASEAN各国代表がそれぞれ労使関係の好事例を発表し、議論を行い、セミナーの結果を各国が持ち帰り、ASEAN地域における健全な労使関係の構築に向けて活用しています。

　主なILO事業として「ASEAN地域の移民労働対策事業」があります。最近の問題として、アセアン諸国を含む東南アジア諸国では非公式経路での移民の問題が挙げられます。非公式経路での移民は、法的保護を受けられないことから、使用者の搾取を受けやすい状況にあります。このような無秩序な労働者移動による労働市場への混乱の防止や、日本への不法移民流入圧力を軽減するために、送出国における起業支援、受入国における移民労働者の権利啓発等を実施するために立ち上げられ日本が協力している事業です。

　最近のILO事業として「地球環境の問題に配慮した雇用戦略支援事業」があります。ASEAN諸国で行われている環境に配慮した産業構造への移行に伴う構造的・摩擦的失業等に対応するため、一定の工業化を果たしている国に対して、地球環境の問題に配慮した雇用を促進しています。2009年度からの事業で、2010年2月に、プロジェクト実施対象国であるタイ、フィリピンの行政官代表が来日し、事業内容を協議しました。本

会合では、日本の企業の従業員の自主的な取組や労働組合による環境への意識啓発などの活発な議論が交わされました。今後、事例を活用した各国での取組が期待されます。

アセアン諸国の社会保障の法整備についての日本の協力として、日本はアセアン諸国との間で、「ASEAN日本社会保障ハイレベル会合」を開催しています。社会保障分野の協力について、アセアン諸国と日本との緊密な関係をさらに発展させることやアセアン地域における人材育成を強化することを目指して、アセアン諸国から社会福祉分野と保健分野を担当するハイレベル行政官を招聘し、2003年から毎年開催しています。

アセアン諸国から240名以上の行政官がASEAN 日本社会保障ハイレベル会合に参加し、活発な議論が行われています。結果、保健分野と福祉分野という異なる分野間における協力の強化がアセアン諸国で活発になるなど、着実に成果を上げてきています。

このようなILO加盟国同士としてのつながり、日本政府の様々な角度からの個別の働きかけにより、アセアン諸国と日本のビジネスパートナーとしての良好な関係が現在まで構築されてきました。

Ⅵ──日系企業の進出の多い工場団地・輸出加工区・経済特区

　アセアン諸国のほとんどの国が外務省によると「十分に注意が必要な地域」で、都市や日本企業が進出していない地域の中には、「渡航の是非を検討すべき地域」も含まれています。治安の問題は、日本企業及び従事する従業員にとってはとても重要な関心事です。

　日系企業の進出が多い工場団地・輸出加工区・経済特区をご紹介し、アセアン地域で人気のある進出先などをお伝えできればと思います。

　様々な日本企業がそれぞれの思いで、進出されています。その中でも特に、日本の商社やデベロッパーが中心に開発した工場団地で現地企業と合弁会社で運営されている工場団地などは、日系企業に人気のようです。

　また、工場団地はここで取り上げたもの以外にも多数あり、各工場団地で数社程度の日系企業が進出しています。

(1) インドネシア

　インドネシアでは、政令により製造業の工業団地への入居義務が定められたこともあり、西ジャワ州を中心に日系企業の新規参入が多いです。

地区名	工場団地・輸出加工区・経済特区の名称
バタム島	バタミンド工業団地
西ジャワ州ブカシ地区	MM2100工業団地、東部ジャカルタ工業パーク（EJIP）、ジャバベカ工業団地、グリーンランド・インターナショナル工業団地
西ジャワ州カラワン地区	カラワン工業団地（KIIC）、スルヤチプタ工業団地（SCI）、コタ・ブキット・インダ工業団地

(2) マレーシア

　マレーシアでは、工業団地のほか、自由貿易地区が設けられています。主要工業団地は、全て環境基本法に基づき整備されています。

地区名	工場団地・輸出加工区・経済特区の名称
ジョホール州	パシールグダン工業団地、テブラウ工業団地、セナイ工業団地
ケダ州	バカアラン工業団地

マラッカ州	バツ・ブレンダム自由貿易地区
ネグリセンビラン州	ニライ工業団地、セナワン工業団地
ペナン州	ブライ自由貿易地区、バヤン・レパス自由貿易地区
セランゴール州	シャラーム工業団地、スバン・ハイテク工業団地、バンギ工業団地、ハイコム工業団地

(3) フィリピン

フィリピンでは、工業団地のほか、輸出加工区、経済特区が設けられており、首都マニラ近郊地域への進出が盛んです。

地区名	工場団地・輸出加工区・経済特区の名称
第3地区	バターン輸出加工区、クラーク経済特区
第4地区	リマ・テクノロジーセンター、ファースト・フィリピン工業団地、ラグナ・テクノパーク、ライトインダストリー＆サイエンスパーク、ファースト・カビテ工業団地、カビテ輸出加工区
第7地区	マクタン輸出加工区

(4) シンガポール

シンガポールは、工場用地としては、ハイテク製造業を中心に海岸部の地域に進出がさかんです。環境省規制に基づき工場整備されています。

地区名	工場団地・輸出加工区・経済特区の名称
西地域	ジュロン工業団地
南地域	シンガポール・サイエンスパーク、アヤラジャ工業団地、ヘンダーソン工業団地
東部地域	チャンギ・ビジネスパーク、アンモンキオ工業団地、カラン・ベーシン工業団地、ベドッグ工業団地

(5) タイ

タイでは、工業団地のほか輸出加工区が設けられており、主要工業団地は、全て環境保全法、工場法に基づき整備されています。

地区名	工場団地・輸出加工区・経済特区の名称
ランプーン県	ノーザンリージョン工業団地
アユタヤ県	ロジャナ工業団地、ハイテック工業団地
バトムタニ県	ナワナコーン工業団地、バンガディ工業団地
バンコク都	ラクラバン工業団地、
チェチェンサオ県	ゲートウェイ工業団地
チョンブリ県	アマタナーン工業団地、レムチャバン工業団地
ラヨン県	イースタンシーボード工業団地

(6) ベトナム

　ベトナムでは、工業団地のほか輸出加工区が設けられており、主要工業団地は、全て環境保護法に基づき整備されています。

地区名	工場団地・輸出加工区・経済特区の名称
ハノイ周辺	タンロン工業団地、野村ハイフォン工業団地
ビンユン省	ベトナム・シンガポール工業団地
ホーチミン周辺	タン・トゥアン輸出加工区
ドンナイ省	ロンビン・テクノパーク、アマタ工業団地、ビエンホア工業区Ⅱ

(7) ブルネイ

　ブルネイでは、石油化学中心のスンガイリアン工場団地が有名です。また、ムアラ・ベサール島周辺のムアラ・ベサール地域は物流拠点を提供し養殖業や製造業を誘致しています。

地区名	工場団地・輸出加工区・経済特区の名称
スンガイ　リアン	スンガイリアン工場団地
ムアラ・ベサール島	ムアラ・ベサール輸出加工区・工業団地

(8) ラオス

　ラオスでは、サワン＝セノ経済特区のサワンナケート工場団地に日本企業が進出をしており、工場団地以外では大手製紙会社がラオスの豊かな森林資源を求め進出しています。

地区名	工場団地・輸出加工区・経済特区の名称
サワン　セノ経済特区	サワンナケート工場団地

(9) ミャンマー

　ミャンマーでは、首都ネーピードー近郊のミンガラドン工業団地に日本企業の進出が多く、同工業団地は三井物産株式会社とミャンマー建設の共同開発の工場団地です。

地区名	工場団地・輸出加工区・経済特区の名称
ヤンゴン管区	ミンガラドン工業団地
マンダレー管区	マンダレー工業団地

⑽ カンボジア

　カンボジアでは、経済特区が21ありますが、経済特区・工業団地SEZは日本企業のゼファーと現地企業ATTWOODの合弁会社で運営されている唯一の日系民間工業団地です。

地区名	工場団地・輸出加工区・経済特区の名称
プノンペン	経済特区・工業団地（SEZ）

Ⅶ──各国の地域商工業支援団体及び日本人会

　各国の地域支援団体及び日本人会をご紹介します。

　地域支援団体は、地域商工会議所等公的支援機関を掲載させていただいています。

　日本人会とは、海外進出企業の海外赴任従業員、大使館駐在員、NGO団体の職員及びその家族やシニア層のセカンドライフを過ごしている方などがメンバーとなっており、いわゆる日本人同士の交流会のことです。事務局は、企業間の持ち寄りであったり、大使館内にあったり、個人の自宅であったり、事務局を持たないところもあります。

【海外進出の相談窓口となる日本国内の独立行政法人】

独立行政法人の名称	ウェブページ
JETRO（独立行政法人日本貿易振興機構）	http://www.jetro.go.jp/
JICA（独立行政法人　国際協力機構）	http://www.jica.go.jp/

(1)　インドネシア

地域支援団体の名称	所在地
ジャカルタジャパンクラブ	Menara Cakrawala Lt. 4 , JL.M.H.Thamrin No. 9 Jakarta 10340 【ウェブサイト】http://www.jjc.or.id/
バリ日本人会	JL.Kutat Lestarl, Sanur, Kauh 【ウェブサイト】http://www.japanclubbali.org/
バンドン日本人会	JL. CIUMBULEUIT 199 Bandung,Indonesia
スマラン日本人会	PT.Rimba Partikel Indonesia PO.box.127 Kendal sa. Mororejo,Kaliwungu, Kendal Jawa Tengah 51372
ジョグジャカルタ日本人会	PT.Takii Indonesia,JL.Kaliurang Km.18 Padasan, Duwetsari,Pakembinangun,Pakem,Sleman-Yogyakarta
ソロ日本人会	PT. Bengawan Solo Garment Indonesia Dk. Butun Rt. 04 RW. II, Ds. Butuh Kec. Mojosongo Kab. Boyolali57371 Jawa Tengah
ランプン日本人会	PT. Kyokko Shinju Po Box 1142 Bdl 35011, Bandar Lampung
ＮＴＢ日本人会	Jl.Sriwijaya No.396 Mataram Lombok Ntb/office Pt.Geic
北スラウェシ日本人会	JL.Samuel Languyu NO. 5 /I Kel.Winenet Kec. Airtumbaga

東部ジャワジャパンクラブ	Darmo Park II blok VI/16,Jl. Mayjen Sungkono, Surabaya
メダン日本人会	Wisama BII 5 th Floor,Jl.Diponegoro No.18,Medan, North Sumatra
バタム日本人会	Jalan Gajah Mada Kilometer 5 , Sei Ladi,Sekupang, Batam City
西スマトラ州日本人会	JL.Veteran No 75d Purus Baru Padang West Sumatera 25115

(2) マレーシア

地域支援団体の名称	所在地
マレーシア日本人商工会議所	Suite 6.01, 6 th Floor, Millennium Office Block, Peti # 4, 160, Jalan Bukit Bintang 55100 Kuala Lumpur 【ウェブサイト】http://www.jactim.org.my/
クアランプール日本人会	No. 2 Jalan 1/86, Off Jalan Taman Seputeh, Taman Seputeh, 58000 Kuala Lumpur 【ウェブサイト】http://www.jckl.org.my/
イポー日本人会	c/o Jaya Jusco Ipoh Kinta City Shopping Center No 2, Jalan Sultan Azlan Shaa Utara
ジョホール日本人会	10, Jalan Skudai, 80200 Johor Bahru, Johor Darul Takzim, West 【ウェブサイト】http://www.japanclub.org.my/
ペナン日本人会	256 Jalan Air Itam 10460 Penang 【ウェブサイト】http://www.pja.org.my/
コタキナバル日本人会	Locked Bag 123, 88739, Kota Kinabalu, Saba
ビンツル日本人会	c/o Daiken Sarawak Sdn. bhd. Lot 2069 Block 28, Kidwong Industrial Est, Bintul. Sarawak

(3) フィリピン

地域支援団体の名称	所在地
フィリピン日本人商工会議所	22nd Floor,Trident Tower, 312 Sen Gil Puyat Avenue, Salcedo Village, Makati City Metro Manila 【ウェブサイト】http://www.jccipi.com.ph/
マニラ日本人会	TridentTower,312 Sen Gil Puyat Avenue,Salcedo Village, Makati City 【ウェブサイト】http://www.jami.ph/
セブ日本人会	5 nd Floor, Clotilde Commercial Center M.L. Quezon St., Casuntingan, Mandaue City 6014 【ウェブサイト】http://www.jac.ph/
バギオ日本人会	B106 Lopez Bldg., 2 nd. Flr., Maxi Photo, No.73 Session Road, 2600 Baguio City 【ウェブサイト】http://www.baguiojrs.org/
北ルソン日本人会	# 3, Bukaneg St., Legarda Road,Baguio City 【ウェブサイト】http://janl.exblog.jp/

(4) シンガポール

地域支援団体の名称	所在地
シンガポール 日本商工会議所	Japanese Chamber of Commerce & Industry 【ウェブサイト】http://www.jcci.org.sg/
シンガポール日本人会	120 Adam Road, Singapore 289899 【ウェブサイト】http://www.jas.org.sg/

(5) タイ

地域支援団体の名称	所在地
タイ商工会議所（TCC）	150 Rajbopit Road, Pranakhon District, Bangkok 10200 【ウェブサイト】http://www.thaichamber.org/
バンコク 日本人商工会議所（JCC）	15th floor, Amarin Tower, 500 Ploenchit Road, Kwang Lumpini, Khet Patumwan, Bangkok 10330 【ウェブサイト】http://www.jcc.or.th/
社団法人 日・タイ経済協力協会	東京都文京区本駒込2丁目12番13号（アジア文化会館内） 【ウェブサイト】http://www.jtecs.or.jp/
泰日協会	161 Nantawan Building 16th Fl., Rajadamri Rd., Lumpini, Patumwan, Bangkok 10330 【ウェブサイト】http://www.thai-japanasso.or.th/
タイ日本人会	1st Floor, Sathorn Thani Bldg. II 92/ 2 North Sathorn Rd. Bangrak, Bangkok 10500 【ウェブサイト】http://www.jat.or.th/
チェンマイ日本人会	99/32 Sridonchai Rd.,T.Changklan,A.Muang,Chiang Mai 50100 【ウェブサイト】http://www.cmjpa.org/
プーケット日本人会	1/14-15 Tungka Road, Muang, Phuket 83000 【ウェブサイト】http://www.phuketja.org/
チョンブリ・ラヨーン 日本人会	【ウェブサイト】http://www.crja.org/

(6) ベトナム

地域支援団体の名称	所在地
ベトナム日本商工会	Room602, DMC Tower, 535 Kim Ma st., Hanoi, 【ウェブサイト】http://www.jbav.vn/
ホーチミン日本商工会	Room1407, Sun Wah Tower, 115 Nguyen Hue St., Dist. 1, Ho Chi Minh City, 【ウェブサイト】http://www.jbah.info.vn/jp/

(7) ブルネイ

地域支援団体の名称	所在地
社団法人 日本ブルネイ友好協会	東京都千代田区丸の内2-3-1三菱商事ビルディング　三菱商事株式会社　ブルネイ事業ユニット気付 【ウェブサイト】http://www.jbfa.or.jp/

| ブルネイ日本人会
(在ブルネイ大使館内) | Block A 3F,Complex Setia Kenangan,Kg KIULAP
【ウェブサイト】http://brunei.blog.so-net.ne.jp/ |

(8) ラオス

地域支援団体の名称	所在地
ラオス国日本人会 (在ラオス大使館内)	Sisangvone Road, Vientiane, 【ウェブサイト】http://ajrl.la/ajrl/home/
ラオス日本センター	c/o National University of Laos, Dongdok Campus, P. O. Box 7322, Vientiane, 【ウェブサイト】http://japancenter.jica.go.jp/

(9) ミャンマー

地域支援団体の名称	所在地
ヤンゴン日本商工会議所 (在ミャンマー大使館内)	No. 100, Natmauk Road Bahan Township, Yangon,
ヤンゴン日本人会 (在ミャンマー大使館内)	No. 100, Natmauk Road Bahan Township, Yangon,

(10) カンボジア

地域支援団体の名称	所在地
カンボジア日本人商工会	Attwood Business Center, Unit #17-21E 2 , Russian Blvd., Sangkat Toeuk Thla, Khan Sensok, Phnom Penh 【ウェブサイト】http://jbac.floppy.jp/
カンボジア日本人会	St.390 Phnom Penh 【ウェブサイト】http://www.jacam.cc/

【参考資料】
「国際労働機関（ILO）」、〈http://www.ilo.org/global/lang--en/index.htm〉
「最近の活動について」、総務省情報通信国際戦略局、2010
「新興国における情報セキュリティ」、総務省情報セキュリティ対策室、2011
「最近の活動報告及び今後の方針」総務省日ＡＳＥＡＮ官民協議会、2011
「各国・地域情勢」、外務省
「地域別危険情報一覧」、外務省、〈http://www.anzen.mofa.go.jp/〉
「日系企業進出動向調査」、独立行政法人中小企業基盤整備機構
「給与及び付加給付金調査」、雇用者連盟、〈http://www.mef.org.my/〉
「最低賃金」、マニラ首都圏地域賃金生産性委員会
「シンガポール平均給与報告」、シンガポール統計局
「労働力調査」、国家統計局〈http://web.nso.go.th/〉
Social Security Programs Throughout the World: Asia and the Pacific, 2010
ICT World Telecommunication/ICT Indicators 2010

第3章

加盟10ヵ国の概要

インドネシア共和国
Republic of Indonesia

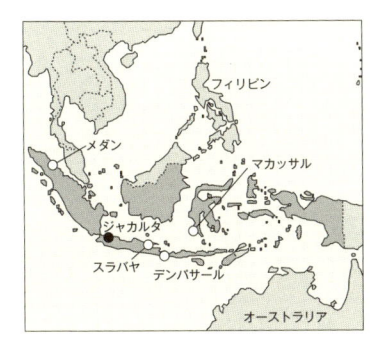

執筆者：山地　ゆう子

I——インドネシアの概況

　2011年にアセアン議長国を務めたインドネシアは、赤道に沿って東西約5,500kmにおよぶ世界最大の島嶼国家です。全部で17,500あまりの島がありますが、主要な5つの島（ジャワ、スマトラ、カリマンタン、スラウェシ、パプア）で国土の約9割を占めています。そのうちジャワ島には人口の6割近くが集中し、首都ジャカルタとその近郊が国家の政治経済の中心地となっています。

　インドネシアは、人口約2億3,700万人（世界第4位、アセアンでは最大）を擁する大国です。ジャワ族をはじめとする400以上の民族から構成され、それぞれの民族が固有の文化や生活習慣を持っています。人口の約9割はイスラム教徒でその数は世界最多ですが、信教の自由が保障されており、キリスト教や仏教などの信者もいます。このような「多様性」がインドネシアの最大の特徴で、「BHINNEKA TUNGGAL IKA（多様性の中の統一）」という国家標語がそれをよく表しています。

　インドネシアには石油や天然ガス、石炭などの天然資源が豊富にあり、農水産物にも恵まれています。また、ボロブドゥール寺院遺跡を含む7つの世界遺産や、バリ島に代表されるリゾート、希少生物が生息する熱帯雨林などさまざまな観光資源が存在し、世界中から訪れる旅行者を魅了しています。

　17世紀に、オランダがジャワ島に東インド会社を設立してからオランダによる植民地支配が始まり、20世紀初頭には、現在のインドネシアのほぼ全域がオランダ領になりました。1942年に日本軍が侵攻・占領してオランダ支配は崩壊し、第二次世界大戦後の1945年、民族運動のリーダーであったスカルノが独立を宣言しました。1949年にはオランダから主権が委譲され、正式にインドネシア共和国として独立を果たしました。1968年に就任したスハルト大統領は外貨を導入して開発政策を推し進め、インドネシアは急速な経済成長をとげました。

しかし、1997年にタイでおこった通貨危機によってインドネシア経済は深刻な打撃を受け、1998年のGDP成長率はマイナス13％にまで落ち込みました。その後、IMFの主導で経済構造改革を実施したものの、しばらくの間経済は低迷し、ふたたび成長率6％に回復する2006年までの10年間は「失われた10年」と呼ばれています。

通貨危機はまた、30年にわたって続いたスハルト体制の崩壊をもたらしました。2004年7月、インドネシア史上初となる国民の直接投票による大統領選挙が実施され、スシロ・バンバン・ユドヨノ氏が大統領に選出されました。現在二期目となるユドヨノ政権は、汚職撲滅、インフラ整備、貧困の解消などを最優先課題として掲げ、投資環境の整備にも取り組んでいます。

2008年からの世界金融危機の影響でアセアン諸国が軒並みマイナス成長となる中、インドネシアは大きなダメージを受けることなく、堅実な成長を維持しました。2010年には実質GDP成長率6.1％を達成し、一人あたりGDPは、国民の消費が飛躍的に拡大する転換点といわれる3,000ドルを超えました。2007年には新投資法が制定され、投資許可手続きの簡素化が図られています。また、大手格付け会社によるインドネシアの長期信用格付けは近いうちに投資適格級に引き上げられる見通しで、いっそうの投資活発化が予想されます。

このように、若い労働力や肥沃な土地、有利な地理的条件を持つインドネシアは、将来にわたって大きな可能性を秘めた国として注目されていますが、その一方で、電力不足などインフラ整備の遅れや、教育水準の低さ、制度運用の不透明性といったマイナス材料も抱えています。

日本は、ODAを通じて長年にわたりインドネシアに対する経済協力を行っており、同国にとって日本は世界最大の援助供与国となっています。日本の側からも、巨大なマーケットを有するインドネシアとの関係は戦略的な重要課題と位置づけられてきました。2008年7月1日に日本・インドネシアの経済連携協定（JIEPA）が発効し、物品やサービスの貿易自由化、エネルギー・鉱物資源の安定供給の確保、税関手続きについ

ての取り決めなど、幅広い分野で協力関係を築くための施策がすすめられています。

　2008年は、日本とインドネシアの国交樹立50周年を記念して「日本インドネシア友好年」と位置づけられ、多数の記念事業が実施されました。また、2011年３月の東日本大震災の際は、インドネシア政府からの救助隊等の派遣だけでなく、前述のJIEPAに基づき来日中のインドネシア人看護師や介護福祉士が被災地で活動するなど、さまざまな復興支援を受けました。2004年末のスマトラ沖地震により甚大な被害を被ったインドネシアとは、同じ地震・津波被災国としても互いに連携し、今後も重要なパートナーとして協力していくことが期待されています。

コラム

　インドネシアは、有力な新興国として注目を集めています。新興4ヵ国（ブラジル、ロシア、インド、中国）を指すことばとして知られるBRICsに、インドネシアと南アフリカの頭文字を加えた「BRIICS」という言葉も使われるようになってきました。さらに、BRICsの中で経済成長の目覚しい中国とインドにインドネシアを加えた「チャインドネシア」という造語も生まれています。

コラム

　2011年3月にイギリスBBC放送が発表した国際世論調査の結果によると、日本を肯定的に評価した人の割合が最も高かったのはインドネシアでした。回答者のうち85％が日本に好感を持っているとのことです。また、インドネシアでは日本語学習熱が高まっており、2009年の日本語学習者数は716,353人で、韓国、中国に次いで世界第3位となっています（国際交流基金、2010）。

■インドネシアの基礎データ

国名	インドネシア共和国 Republic of Indonesia
国土面積	191万平方キロメートル（日本の約5倍）
人口	2億3,764万人（2011年2月）
首都	ジャカルタ
民族	大半がマレー系（ジャワ、スンダ等27種族に大別）
言語	インドネシア語
宗教	イスラム教88.6％、キリスト教8.9％（プロテスタント5.8％、カトリック3.1％）、ヒンズー教1.7％、仏教0.6％、儒教0.1％、その他0.1％
政体	大統領制、共和制
議会	(1)国会（DPR）：定数560名 (2)国民協議会（MPR）：692名（国会議員560名と地方代表議員132名）
産業	鉱業（石油、LNG、石炭、アルミ、錫）、農業（米、ゴム、パーム油）、工業（木材製品、セメント、肥料）
GDP（名目）	7,071億ドル（2010年）
一人当たりGDP	3,005ドル（2010年）
GDP成長率	6.1％（2010年）
消費者物価上昇率	7.0％（2010年）
失業率	6.8％（2011年2月）
貿易	輸出　1,577.3億ドル　輸入　1,356.1億ドル（2010年）
主要貿易品目	輸出　石油・ガス、鉱物性燃料、動物・植物油 輸入　石油・ガス、一般機械機器、機械・電機部品
主な貿易相手国	日本、中国、シンガポール、米国他
通貨	ルピア（Rp）

為替レート	1ドル=8,521ルピア（インドネシア中央銀行：2011年7月26日）
日本の援助実績	有償資金協力　438.8億円（E/Nベース）（2010年度） 無償資金協力　33.8億円（E/Nベース）（2009年度） 技術協力　　　80.1億円（JICA経費実績ベース）（2009年度）
主要援助国	⑴日本　⑵豪州　⑶フランス　⑷米国　⑸オランダ
対日貿易	日本への輸出額　24.629億円 日本からの輸入額　13.935億円（2010年：財務省貿易統計）
主な対日貿易品目	日本への輸出　石油・天然ガス、機械機器、銅鉱、エビ、天然ゴム、合板等 日本からの輸入　一般機械、電気機器、輸送用機器等
日本からの投資	7.1億ドル（2010）
在留邦人数	11,701人（2010年10月1日現在：在留邦人数調査）
在日インドネシア人数	24,895人（2010年：入国管理局統計）

出所：外務省他

II──労働法・社会保障法の概要

1　労働関係法

　従来、インドネシアには体系化された労働法規が存在せず、労働に関する規定は、法律、規則、大統領令など多岐にわたっていました。しかし、スハルト政権崩壊後に各地で労働者のストやデモが頻発したことから、労働法制の整備を求める声が労使双方から高まり、政府は関連法案の審議に着手しました。2000年に労働組合法、2003年には労働法が成立し、最後の課題となっていた労使関係紛争解決法が2004年に公布されたことにより、労働法制の基幹となる三法の整備が一通り完了しました。

(1)　労働法

　労働法（2003年付法律第13号）は、労働者の保護を主な目的として制定されました。第50条から第66条には雇用関係についての規定があります。

i　雇用契約の期間

　雇用契約には、期間の定めのある有期契約と、期間の定めのない無期契約があります。

　①　有期契約

　有期契約は、一定期間内に終了する性質の特定の業務についてのみ締結できます。有期契約はインドネシア語で作成された書面によらなければならず、書面がない場合は無期契約とみなされます。外国企業がインドネシア語と外国語の両方を書面に記載している場合、両者の間で齟齬があればインドネシア語のものが優先されます。

　契約期間の上限は2年で、延長は1回に限り最長1年まで認められています。有期契約には試用期間を設けることができません。

　②　無期契約

　無期契約の締結は、書面または口頭のどちらでも可能ですが、口頭で行う場合には採用通知書を交付する義務があります。無期契約には最長

3ヵ月の試用期間を設けることができます。

ii 労働時間

労働時間は、特定の業種や職種を除き、次のいずれかとしなければなりません（第77条）。

・週6稼働日の場合、1日7時間以内かつ週40時間以内
・週5稼働日の場合、1日8時間以内かつ週40時間以内

所定労働時間を超えて労働させるには、当該労働者の合意を得る必要があります。時間外労働は、原則として、1日につき3時間かつ1週間につき14時間までとされています（第78条）。

iii 休憩・休日・休暇等

使用者は、以下の通り労働者に休憩、休日および休暇を与える義務があります（第79条）。

・継続して4時間労働したあとは少なくとも30分の休憩を与えること
・1週間6日の労働に対して1日の休暇、または1週間5日の労働に対して2日の休暇を与えること
・継続して12ヵ月勤務した労働者に対して、12日の年次有給休暇を与えること
・継続して6年間勤務した労働者に対して、少なくとも2ヵ月間の長期休暇を与えること

長期休暇は、7年目と8年目に1ヵ月ずつ取得でき、その年は年次有給休暇を取得できません。この長期休暇の規定は特定の企業だけに適用されます。

インドネシアでは、労働者への宗教上の配慮を忘れてはなりません。第80条では、労働者に宗教上の義務を遂行するための十分な時間を与えることが定められています。

iv 雇用関係の解除（解雇）

雇用関係の解除については、第150条から第172条に規定されています。インドネシア労働法における「解雇」（条文上は「雇用関係の解除」）は、日本でいう「解雇」とはかなり異なる側面を有しており、日本からの進

出企業を戸惑わせるものとなっています。

　労働法のもとでは、使用者、労働者および労働組合は、雇用関係の解除を避けるために努力する義務があります。あらゆる努力を払っても回避できないときは、使用者と労働組合（当該労働者が労働組合に属していない場合は、使用者と労働者本人）との間で十分に協議することが求められます。

　労使間の協議で合意に達せず労働者を解雇しようとするときは、労使関係裁判所の決定を得なければなりません（第151条）。ただし、試用期間中の者を解雇するときや、自己都合退職、雇用契約期間満了、刑事事件で有罪判決を受けたときなど一定の場合には、当局の許可なしで解雇することが認められています。労働者が重大な過ちを犯したときは、第158条の規定により証拠に基づいて解雇できるとされていましたが、憲法裁判所においてこの規定は違憲と判断されました。労働移住大臣回状（SE-13/MEN/SJ-HK/2005）によると、原則として裁判所の確定判決がなければ解雇できないことになっていますので、注意が必要です。

　第153条には解雇禁止事由についての定めがあり、労災による傷病のため１年以上の休業が必要と医師が判断したときや、妊娠出産のために休業しているときなどは、一方的に解雇することはできません。

Ⅴ　退職手当等の支払い

　労働者が退職するときは、退職手当、功労金および損失補償金を支払う義務があります。それぞれの最低金額は、勤続年数に応じて月額賃金の何ヵ月分という形で第156条に定められており、自己都合、懲戒解雇などの事由に応じてこの１～２倍を支払うことになっています。

　損失補償金は、雇用関係が解除されなければ受け取ることができたはずの権利を金銭に換算したものです。具体的には、未消化分の有効な有給休暇、本人と家族の帰郷旅費、退職手当＋功労金の15％相当額の住宅・医療費等が含まれます。

　退職手当および功労金が支給されないケースでは、就業規則等に定められた離職手当を支払う必要があります。この離職手当は、使用者の利

益を直接代理する者(いわゆる管理職)には支給しなくてよいことになっています。

【図表1　第156条で定める退職手当・功労金の最低金額】

退職手当		功労金	
勤続年数	支給額	勤続年数	支給額
1年未満	賃金1ヵ月分	3年以上6年未満	賃金2ヵ月分
1年以上2年未満	同2ヵ月分	6年以上9年未満	同3ヵ月分
2年以上3年未満	同3ヵ月分	9年以上12年未満	同4ヵ月分
3年以上4年未満	同4ヵ月分	12年以上15年未満	同5ヵ月分
4年以上5年未満	同5ヵ月分	15年以上18年未満	同6ヵ月分
5年以上6年未満	同6ヵ月分	18年以上21年未満	同7ヵ月分
6年以上7年未満	同7ヵ月分	21年以上24年未満	同8ヵ月分
7年以上8年未満	同8ヵ月分	24年以上	同10ヵ月分
8年以上	同9ヵ月分		

【図表2　法定の退職手当等の例】

雇用契約解除の事由		退職手当	功労金	損失補償金	離職手当
使用者都合	企業の吸収合併、所有者の変更、合理化等(第163条、第164条)	事由別に1〜2倍		法定通り	—
	企業の閉鎖、倒産(第165条)	1倍	1倍	法定通り	—
懲戒解雇	労働者が重大な過ちを犯した場合(第158条)	—	—	法定通り	就業規則等
		※ただし実務上は支払われるケースも多い			
	就業規則等の違反により、警告書を与えた場合(第161条)	1倍	1倍	法定通り	—
	刑事事件により拘束され6ヵ月を経過しても業務に復帰できない場合、または有罪判決が確定した場合(第160条)	—	1倍	法定通り	—
	5日以上無断欠勤し、書面の呼び出しにも応じない場合(第168条)	—	—	法定通り	就業規則等
自己都合	自己都合退職(第162条)	—	—	法定通り	就業規則等
死亡	労働者の死亡(第166条)	2倍	1倍	法定通り	—
定年	定年退職(第167条)	年金基金加入の有無により異なる		法定通り	—
その他	使用者の違反行為を理由として、労働者が労使関係裁判所に雇用関係の解除を申請した場合(第169条)	違反行為が認定されるかどうかにより異なる		法定通り	—

第3章　加盟10ヵ国の概要

| 労災により長期療養を必要とする疾病にかかった場合（第172条）※労働者の合意が必要 | 2倍 | 2倍 | 法定通り | － |

　退職手当等の支払いで注意を要するのは、懲戒解雇に関する規定です。図表２の通り、就業規則違反により警告書を与えた後に解雇する場合（第161条）であっても、退職手当および功労金を支払う義務があります。そのため、もともと自主退職する予定であった労働者が退職手当欲しさに意図的に規則違反を犯すなど、制度を悪用する例もあるといいます。

　なお、有期契約については、このような退職手当等の規定はありません。ただし、当事者の一方が期間満了前に契約の解除を申し出る場合は、相手方に対して、契約終了日までの賃金に相当する損害補償金を支払うこととされています（第62条）。

vi　就業規則

　労働法第108条から第111条は、就業規則について定めています。原則として、すでに労働協約がある場合を除き、10人以上の労働者を雇用する使用者は就業規則を作成しなければなりません。就業規則は、労働者を代表する者の意見を考慮して作成し、少なくとも以下の事項を定める必要があります。

- ・使用者の権利と義務
- ・労働者の権利と義務
- ・労働条件
- ・企業の規範と行動基準
- ・就業規則の有効期間

vii　外部委託（アウトソーシング）

　労働法には、新しく外部委託に関する規定がおかれました。外部委託とは、自社の業務の一部を外部の会社に委託することで、中核的な業務には適用できないとされています。しかし、法律で認められていない業務についても外部委託を使う企業が後を絶たず、不安定な身分の労働者を増加させているとして大きな問題になっています。2005年から2010年

までの5年間で、正規労働者の割合は67%から35%に減少したとの報告があります（World Bank & ILO, 2010）。

(2) 賃金関係法

　労働法第88条から第98条には、賃金に関する規定がおかれています。すべての労働者は収入を得て人間らしい生活をする権利があり、そのために政府は、最低賃金や時間外手当などの事項を含む賃金政策を決定するものとされています。賃金体系や基準については、労働移住大臣決定（No.KEP-49/MEN/IV/2004）に細則があります。賃金保護に関する政令（1981年政令第8号）によれば、賃金は原則として金銭で支給しなければなりませんが、一部については食事など別の形で支給することもできます。

ⅰ　賃金の構成

　賃金は、基本給、固定手当、変動手当、時間外手当等から構成されます。固定手当は、定期的に一定金額が支払われるもので、一般的には扶養手当や住宅手当などが含まれます。変動手当は、出勤状況や業務成績により毎月の支給額が変更されるものを指し、食事手当や通勤手当（出勤日数に応じて支給する場合）などがこれにあたります。賃金の構成比について、賃金が基本給と固定手当で構成される場合、基本給の額は基本給と固定手当の合計額の75％以上でなければならない、と規定されています（第94条）。

　3ヵ月以上継続勤務している労働者には、インドネシア固有のレバラン手当（THR）を支給することが義務づけられています。これは、断食明け大祭を祝うためのもので、労働移住大臣規則（No.PER-04/MEN/1994）に支給額などの詳細が定められています。

ⅱ　賃金支払いの義務

　働かなければ賃金を得られない「ノーワーク・ノーペイ」が原則ですが、いくつかの例外規定が設けられています。労働者自身が病気で就労できない場合、最初の4ヵ月間は賃金の100％、次の4ヵ月間は75％、さらに次の4ヵ月間は50％、それ以降は雇用関係の終了まで賃金の25％

を支払うこととされています。そのほか、結婚、妻の出産、家族の死亡などにより就労しない場合も、規定の日数の賃金を支給しなければなりません。

iii 最低賃金

インドネシアの最低賃金は、州ごとの賃金委員会の意見に基づき、毎年一回1月1日付で改定されます。従来は、労働移住省が最低賃金を決定していましたが、地方分権化の流れを受けて、2001年から各州の知事に権限が移譲されました。

この最低賃金は、勤続1年未満の労働者に適用されるもので、1年以上の場合は最低賃金を少しでも上回る必要があります。最低賃金は、食料、医療、住宅などの項目によって構成される適正生活水準費（KHL）に段階的に近づけるべきものとされていますが、現在ほとんどの州の最低賃金はこれを下回っています。

インドネシアでは毎年、労働需給や企業の支払能力にかかわらず物価上昇率を上回るペースで最低賃金が引き上げられており、コスト高につながるとして進出企業の悩みの種となっています。また、州によって引き上げ幅に大きな差があり、これが地域間の所得格差を生み出す要因になっているともいわれています。

【図表3　主要な州の最低賃金】

州名	2010年（ルピア）	2011年（ルピア）	上昇率（％）
ジャカルタ	1,118,009	1,290,000	15.38
西ジャワ	671,500	732,000	9.01
東ジャワ	630,000	705,000	11.90
バンテン	955,300	1,000,000	4.68
平均	908,800	988,829	8.81

出所：労働移住省
注　：100ルピア≒0.81円　（2011年7月29日現在）

iv 時間外手当

所定労働時間を超える労働または所定休日の労働に対しては、時間外手当を支給する義務があります。時間外手当の計算方法は、労働移住大臣決定（No.KEP-102/MEN/VI/2004）に規定されています。

時間外手当の計算には、月給者の場合、月額賃金の173分の1が1時間あたりの基礎額として用いられます。このとき、賃金が基本給と固定手当からなる場合は、賃金の100％が計算基準となりますが、賃金が基本給、固定手当および変動手当からなる場合で、基本給と固定手当の合計が賃金総額の75％を下回るときは、賃金総額の75％を計算基準とします。所定労働日・休日などの場合に応じて、1時間につき、基礎額の1.5倍〜4倍を支給することになっています。

　なお、時間外手当を含む賃金の請求権は、発生から2年で時効となります（第96条）。

(3) 労働安全衛生法

　インドネシアにおいては労働安全に対する意識が相対的に低く、特に中小企業では労働災害を予防するための対策が十分に講じられていません。労働移住省によれば、2010年の労働災害事故の発生件数は98,711件で、2009年の96,314件から2,000件あまり増加し、依然として高い数値で推移しています。労働者社会保障制度を運営するJAMSOSTEK社（※2「社会保障関連法」参照）の労災補償給付の内容をみると、2010年の給付総額は4,012億ルピアとなっています。

　労働安全衛生に関しては、労働安全法（1970年付法律第1号）が安全衛生の確保のための労使の基本的義務を規定していますが、違反に対する罰則が緩いなど不備があるとして、ILOが改正を提言しています。

　労働法は、使用者はすべての労働者について業務中の安全を確保しなければならないとし、労働安全衛生マネジメントシステム（OHSMS）を企業の制度に組み込むことを定めています。労働安全衛生マネジメントシステムとは、企業における安全衛生水準の向上を目的として、安全衛生に関する計画の実施や評価などを行う一連の仕組みのことで、労働移住大臣規則（No.PER-05/MEN/1996）により、労働者100人以上の企業または危険・有害業務を行う企業に対し、策定が義務づけられています。

　OHSMSに対する規格であるOHSAS（労働安全衛生アセスメントシリーズ）は国際的に広く認知され、インドネシアでもこれを取得する日系

企業が増えています。労働安全衛生への社会的関心は年々高まっており、法規制の強化とともに労使双方の意識の向上が求められています。

(4) 労使関係法

インドネシアの労使関係は、1974年に採択された「パンチャシラ労使関係」を基本理念としています。これは、当事者は合議をつくして全員一致に至るよう努力すべきであるという考え方です。

スハルト政権下では、政府公認の全国レベルの労働組合は「全インドネシア労働組合連合」（SPSI）しかありませんでした。1998年に発足したハビビ政権は、ILOの「結社の自由および団結権の保護に関する第87号条約」を批准し、2000年に労働組合法（2000年付法律第21号）を制定しました。この労働組合法により10人以上の労働者が集まれば組合を結成できることになり、その結果、多数の労働組合が設立されました。労働移住省によると、2010年末現在、労働組合加入者数は341万4,455人、就業者数に対する組織率は3.2%となっています。

労働法第137条は、ストライキは交渉が決裂したときの労働者の基本的権利であり、法にのっとり秩序をもって平和的に実行しなければならないと規定しています。労働者がその権利の追求のために合法的にストライキを行った場合は、賃金を得る権利があります（第145条）。一方、違法ストライキに関する労働移住大臣決定（No.KEP-232/MEN/2003）によれば、正式手順を踏まずにストライキを実行した場合は無断欠勤扱いとされ、使用者から職場復帰命令を2回受けた後もなおストライキを続行した場合は、自己都合退職をしたものとみなされます。

なお、使用者側にも、生命の安全を脅かす危険があるなど特定の場合を除いて、ロックアウト（一時的閉鎖）の権利が認められています。

【図表4　スト発生件数の推移】

	2007	2008	2009	2010
ストライキ発生件数（件）	147	146	207	192
参加労働者数（人）	135,297	211,504	37,581	125,784
喪失労働時間（時間）	1,161,413	1,546,400	480,586	812,131

出所：労働移住省

(5) 女性・年少者および社会的弱者保護関連法

i 女性労働者

　労働法第76条は、女性の深夜労働について規定しています。女性を深夜に労働させる場合は、栄養のある食事の提供、職場の安全衛生の確保、交通手段の提供などが義務づけられており、詳細は労働移住大臣決定（No.KEP-224/MEN/2003）に規定されています。なお、18歳未満の女性や、妊娠中の女性で深夜労働をさせるべきでないと医師が判断した者については、午後11時から午前7時までの間に労働させることが禁じられています。

　また、労働法第81条から第83条には、1.5ヵ月ずつの産前産後休暇、生理休暇、授乳時間の確保についての規定があります。

ii 児童

　児童労働に関して、インドネシアは二つのILO条約を批准しています。ILO第138号条約では、児童を就労させることのできる最少年齢は原則15歳とされました。ILO条約第182号では、18歳未満の児童について有害な労働（奴隷的労働、強制労働、売春、危険物を取り扱う仕事等）への就労禁止が規定されました。

　インドネシア労働法は、18歳未満の児童の雇用を原則として禁じています。ただし、児童の身体的・精神的かつ社会的な成長を妨げない軽度な労働に関しては、児童の両親または保護者と雇用契約を締結すること、1日あたりの労働時間を最大3時間とすること、などの条件を満たす限りにおいて就労させることが認められています（第71条）。

　しかし、このような法規制にもかかわらず、インドネシアでは、非常に多くの子供たちが劣悪な環境下での労働を強いられているという現実があります。中央統計局（BPS）とILOが2010年2月に発表した児童労働に関する調査報告書によれば、5歳から17歳の児童数5,880万人のうち、雇用関係にある児童は405万人、さらに、児童の福祉に悪影響を及ぼすとして法律で禁止されている有害業務や長時間労働に就いている児童が176万人にものぼることが明らかになりました。

政府は、児童労働の撲滅に向けて行動計画を策定し、貧困家庭への援助などを通じて、子供に教育を受ける機会を与えるための取り組みを行っています。

iii 障害者

障害者に関する法律（1997年付法律第4号）は、障害者の社会福祉の向上および権利・義務・役割における平等の確保などについて定めています。

障害者の福祉推進に関する政令（1998年政令第43号）では、企業は労働者100人につき1人の障害者を雇用することが義務づけられました。この政令第43号の施行細則として、障害者社会福祉推進の調整・管理機関に関する大統領令（1998年大統領令第83号）があります。

(6) 労働紛争解決関連法

労使関係紛争解決法（2004年付法律第2号）が2年間の据え置き期間を経て2006年1月に施行され、労使紛争の解決手続きが大きく変わりました。

i 紛争の種類

労使関係紛争解決法は、労使紛争の種類を以下の4つに分類しています（第2条）。

権利をめぐる紛争	法令、労働契約、就業規則の規定に対する解釈および実施についての紛争
利益をめぐる紛争	労働契約、就業規則、労働協約で定められる労働条件の決定、もしくは変更についての紛争
雇用関係の終了（解雇）に伴う紛争	一方的な雇用関係の終了（解雇）についての紛争
労働組合間の紛争	組合員の身分、権利、義務の遂行についての同一企業内組合間の紛争

ii 紛争解決のプロセス

労使紛争は、以下のような仕組みにより解決が図られます。

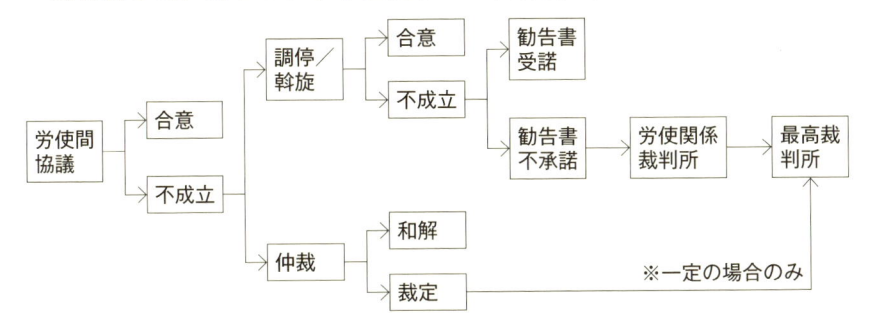

```
労使間        合意
協議   →    
        →   不成立  →  調停／   →  合意    →  勧告書
                      斡旋              受諾
                              →  不成立
                                       →  勧告書   →  労使関係  →  最高裁
                                          不承諾      裁判所      判所
                   →  仲裁   →  和解
                              →  裁定  ──────────────→  ※一定の場合のみ
```

① 労使間協議

労使紛争は、まず労使間での協議を通じて解決することが求められます。協議開始から30労働日以内に合意に達した場合は、合意書に署名し、現地の労使関係裁判所に登録します。この期間内に合意に至らず協議が不成立となったときは、労働問題を管轄する行政機関に登録します。

② 調停（konsiliasi）、仲裁（arbitrase）または斡旋（mediasi）による解決

協議が失敗に終わったときは、行政機関への登録から7労働日以内に、双方合意のうえで調停または仲裁のいずれかの解決方法を選択します。期限内に選択されなかった場合は、斡旋人による斡旋に委ねられます。

　調　停

紛争の4類型のうち、利益紛争、解雇紛争および組合間紛争を取り扱います。調停により合意ができれば労働協約が作成され、署名の上労使関係裁判所に登録されます。合意に達しない場合は調停人が勧告書を提示します。一方が勧告書を承諾しないときは、労使関係裁判所に紛争解決を申請できます。調停人は、申請受理日より30労働日以内に任務を終了しなければなりません。

　仲　裁

紛争の4類型のうち利益紛争および組合間紛争を取り扱います。仲裁ではまず和解が模索され、和解に至った場合は和解証書に署名し、

第3章　加盟10ヵ国の概要　　51

労使関係裁判所に登録します。和解が得られなければ、仲裁人の裁定が下されます。仲裁人の裁定には法的拘束力があり、特別な場合を除いて、仲裁の裁定を不服として労使関係裁判所に提訴することはできません。仲裁人は、申請受理日より30労働日以内に任務を終了しなければなりません。

| 斡　旋 |

　当事者双方が調停または仲裁を期限内に選択しなかったとき、あるいは調停や仲裁が取り扱わない権利紛争については、斡旋により解決が図られます。合意に達すると労働協約が作成され、署名の上労使関係裁判所に登録されます。合意に達しない場合は斡旋人が勧告書を出し、一方が勧告書を承諾しないときは、労使関係裁判所に紛争解決を申請できます。斡旋人は、申請受理日より30労働日以内に任務を終了しなければなりません。

③　労使関係裁判所での解決

労使関係裁判所は各州都にある地方裁判所に設けられています。調停や斡旋で合意に至らず労使関係裁判所に紛争解決の申請があった場合、判決は初公判から50労働日以内に下されることになっています。また、労使関係裁判所は、労使間協議や調停・仲裁・斡旋での合意内容の実行を管理する役割も担っています。

　権利紛争や解雇紛争についての労使関係裁判所の判決に不服がある場合は、判決から14労働日以内に最高裁判所に上訴することができます。一方、利益紛争や組合間紛争に関しては、労使関係裁判所の判決が最終的なものとなります。

(7)　その他雇用労働に関する法令

　インドネシアにおける外国人の就労は、労働法第42条から第49条に規定されている通り、限定的にしか認められていません。外国人を雇用するには原則として大臣の許可が必要で、労働移住大臣決定で定める特定の職務および期間に限って就労させることができます。

　外国人を雇用しようとする使用者は、労働移住大臣規則（No.PER-

02/MEN/III/2008）に定められている手続きに従い、まず外国人労働者雇用計画（RPTKA）を提出し、外国人就労許可（IMTA）を取得しなければなりません。特定の場合を除いて、使用者には技術能力開発基金（DPKK）への支払いが義務づけられています。この基金は、インドネシア人労働者の技術向上のために運営されているもので、払い込み額は外国人労働者1人あたり100米ドル/月となっています。

なお、外国人は労働者社会保障制度（JAMSOSTEK）への加入義務がありましたが、労働移住大臣決定（No.PER-02/MEN/XII/2004）により撤廃され、自国で同様の社会保障制度に加入している外国人は、JAMSOSTEKへの加入が免除されることになりました。

2 社会保障関連法

インドネシアの2011年の出生時平均余命は70.9歳（BPS, Feb 2011）ですが、国際連合の推計によれば、2050年には77.6歳に伸びると予想されています。また65歳以上の老年人口比率も、2010年の5％から、2050年には19.2％にまで増える見込みです。インドネシアも先進諸国と同様に、少子高齢化社会への道のりをたどっているのです。

インドネシアでは、日本のような全国民を対象とする社会保障制度は整備されていません。公務員を対象とする公務員年金保険制度（TASPEN）、軍人社会保険制度（ASABRI）、公務員健康保険制度（ASKES）などのほか、民間企業の労働者を対象とした労働者社会保障制度（JAMSOSTEK）、貧困層向けの社会健康保障制度（JAMKESMAS）など、それぞれ対象を異にするさまざまな制度が存在します。

このうち、JAMSOSTEKは1978年に労働者保険（ASTEK）として発足し、社会保障法（1992年付法律第3号）により現在の制度になったものです。給付の内容は、確定拠出型の老齢給付と、死亡給付、医療給付、労災補償からなり、国営企業のJAMSOSTEK社が運営を行っています。社会保障法の細則として1993年政令第14号がありますが、保障内容を中心に何度か見直しが行われています。

10人以上の労働者を雇用する企業、または月に総額100万ルピア以上の賃金を支払う企業はJAMSOSTEKに強制加入となります。加入の対象は徐々に拡大されてきており、零細企業の労働者や自営業者も任意で加入できるようになりましたが、インフォーマル・セクター（「5　労働事情」参照）の労働者にはほとんど浸透していないのが現状です。また、加入していても保険料を支払っていないケースが多く、実質的な加入率の低さが制度の効率的な運用を妨げているといわれています。2010年末現在、22万4,892社、3,174万6,300人の加入者のうち、保険料を納めているのは13万3,580社、933万7,423人にすぎません。（PT.JAMSOSTEK, 2009）

【図表5　2010年と2050年（予想）の人口分布図】

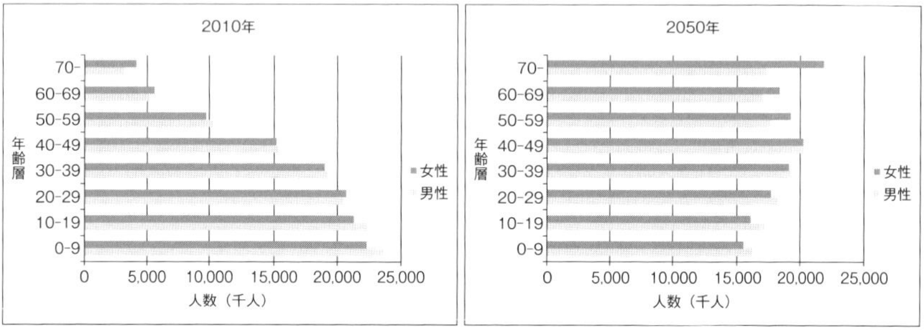

出所：BPS "Trends of the Selected Socio-Economic Indicators of Indonesia" February 2011 およびUN"World Population Prospects, the 2010 revision"より作成

(1)　年金制度

　インドネシアでは、一時金ではない純粋な年金制度に加入できるのは公務員・軍人に限られており、給付の面から見ても、およそ35年の勤務により賃金のほぼ100％の年金が支給されるなど、公務員・軍人は民間労働者と比べて優遇されているといえます。

i　公務員年金保険制度（TASPEN）

　一般公務員には、TASPENとよばれる年金と退職一時金の制度があり、両者は国営企業TASPEN社によって運営されています。保険料は、年金分・退職一時金分としてそれぞれ賃金の4.75％、3.25％が徴収されています。

老齢年金は、56歳の定年に達したときか、20年以上加入したのち50歳以上で早期退職した者に支給され、年金額は、最終賃金の2.5％×加入年数（上限あり）となります。退職一時金制度は年金制度と別会計で運営されており、給付額は最終賃金の60％×加入年数で計算されます。

ii　軍人社会保険制度（ASABRI）

　軍人・国防省職員に対する年金制度としては、1971年に創設されたASABRIという制度があります。国営企業ASABRI社が運営し、制度の内容はおおむねTASPENに類似しています。

iii　労働者社会保障制度（JAMSOSTEK）

　民間労働者を対象とするJAMSOSTEKには生涯年金制度はありませんが、所得保障として老齢給付と死亡給付の制度があります。

①　老齢給付

　老齢給付の内容は、積み立てられた掛金と運用益を原資として、主として一時金を支払うプロビデント・ファンド（退職積立金制度）です。

　保険料の負担割合は、使用者が賃金の3.7％、労働者が2％で、公費負担はありません。給付を受けられるのは、原則として老齢時（55歳に達したとき）ですが、そのほか死亡、障害、国外移住などの事由によるものも認められています。また、加入期間が5年以上ある労働者が55歳になるまでに退職したときは、退職から1ヵ月経過した後に給付を受けることができます。老齢給付の額が一定以上の場合は、最長5年間の有期年金を選択することもできます。

　しかし、55歳になるまでの間に一時金を早期受給するケースが大半を占め、老齢給付制度は老後の所得保障としての役割を果たしているとはいえません。また、55歳到達時に受給する場合であっても、給付額は決して老後の生活に十分なものではないようです。

②　死亡給付

　死亡給付は、労災事故以外の原因で加入者が死亡した場合の遺族に対する保障で、一時金とあわせて受給できます。3ヵ月に満たない期

間雇用者は、死亡給付のみの被保険者となります。

　保険料は、使用者が賃金の0.3％を全額負担します。給付内容は、死亡給付が1,000万ルピア、埋葬費が200万ルピア、そのほか当座の保障として20万ルピア×24ヵ月が支給されます。

iv　社会福祉保険制度（ASKESOS）

　この制度は、自営業者とインフォーマル・セクター（「5　労働事情」参照）の労働者を対象とする所得保障のパイロットプロジェクト（実験的試み）です。加入者は月5,000ルピアの保険料を支払い、傷病や事故、死亡などで所得が減少したときに給付を受けることができます。

v　民間年金基金

　年金基金法（1992年付法律第11号）により、事業主年金基金と金融機関年金基金という2つの年金基金の仕組みができました。これらの年金基金には税制上の優遇措置が設けられており、大企業を中心に広がりを見せています。2009年末現在、251の事業主年金基金と21の金融機関年金基金があり、合わせて267万人が加入しています。

(2)　医療保険制度

i　公務員健康保険制度（ASKES）

　ASKESは、公務員・軍人とその家族を対象とする制度で、国営企業や民間企業の労働者も任意で加入することができます。保険料率は賃金の2％で、給付内容はJAMSOSTEKと比べて広い範囲をカバーしています。

ii　労働者社会保障制度（JAMSOSTEK）

　JAMSOSTEKより有利な医療制度を持つ企業は、JAMSOSTEKへの加入義務が免除されます。多くの大企業はJAMSOSTEKに加入せず、独自の医療制度を持つか、民間の保険に加入するなどしています。

　保険料は全額使用者負担で、未婚者は賃金の3％、既婚者は6％、という二段階制がとられています（賃金の上限は月額100万ルピア）。家族に対する給付は、配偶者のほか21歳未満の未婚の子供3人までが対象となります。加入者にはJPKとよばれるヘルスケアカードが交付され、外

来、入院、出産、検査等について給付を受けられます。JAMSOSTEKの医療費基準内であれば、原則として自己負担はありません。

iii 社会健康保障制度（JAMKESMAS）

JAMKESMASは、貧困者に対する医療制度として2005年から新たに始まりました。この制度の対象となった者の人数は約7,640万人にのぼり、これにより人口の約半数が何らかの医療保障を持つことになりました。JAMKESMASの運営は全額公費負担で行われ、加入者は無料で治療が受けられます。

iv その他の制度

免許を受けた事業団体が加入者への保険医療サービスを提供する地域健康維持制度（JPKM）や、ダナセハットと呼ばれる相互扶助の考えに基づく村落保険基金、州政府が運営主体となる地域医療制度（JAMKESDA）などがあります。

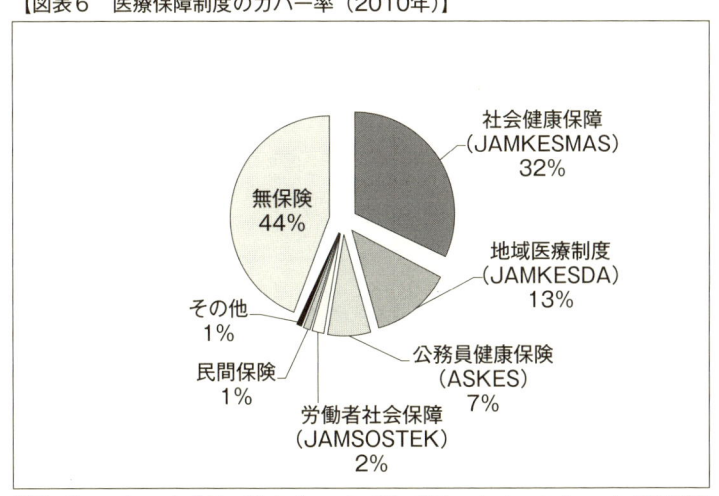

【図表６　医療保障制度のカバー率（2010年）】

- 社会健康保障（JAMKESMAS）32%
- 地域医療制度（JAMKESDA）13%
- 公務員健康保険（ASKES）7%
- 労働者社会保障（JAMSOSTEK）2%
- 民間保険 1%
- その他 1%
- 無保険 44%

出所：Department of Health Indonesia, "ProfilKesehatan Indonesia 2010"より作成

(3) 失業保険制度

インドネシアでは、現在のところ失業保険制度は導入されていません。1997年に通貨危機が発生した際、職を失った労働者がいっせいに老齢給付を一時金として受け取り、その数は30万人以上に達したといいます。

老齢給付が、失業保険にかわる所得保障の役割を果たしたものと言ってよいでしょう。しかし、若いうちに一時金を受け取った者は退職後に年金を受給できなくなってしまうため、老後の生活に困窮することが懸念されます。

失業保険制度はアセアン諸国ではタイで初めて導入されましたが、インドネシアでも早急な整備が望まれるところです。

(4) 労災補償制度

JAMSOSTEKの労災補償の保険料は、業種により賃金の0.24%から1.74%までとなります。給付内容は、一定金額までのリハビリ費用、病院移送費用、治療費用のほか、次のような現金給付があります。

一時的な就労不能に対する給付	最初の4ヵ月は賃金の100%、次の4ヵ月は賃金の75%、それ以降は賃金の50%を支給
永久的部分障害に対する給付	障害の内容と程度に応じて80ヵ月分の賃金に一定割合を乗じた額を支給
永久的全体障害に対する給付	一時金として80ヵ月分の賃金の70%と、あわせて月20万ルピアを2年間支給
機能不全障害に対する給付	80ヵ月分の賃金に機能不全の割合を乗じた額を支給
死亡に対する給付	一時金として80ヵ月分の賃金の60%と、あわせて月20万ルピアを2年間支給 埋葬費として200万ルピアを支給

3 労働者福祉関連法

2010年におけるインドネシアの貧困人口は3,103万人、貧困人口比率は全体の13.33%と推計されています（BPS, Feb 2011）。1976年（貧困人口5,420万人、貧困人口比率40.1%）からは大幅に改善しましたが、依然として多くの人々が貧困に苦しんでいます。政府は2014年末までに貧困率を8～10%に削減する目標を掲げ、公共福祉政策を拡充する方針を打ち出しています。

貧困層を対象としたソーシャル・セーフティ・ネット・プログラムには、前述の社会健康保障制度（JAMKESMAS）のほか、米の低価格供給制度（RASKIN）、無条件現金給付制度（BLT）、条件つき現金給付制

度（PKH）などの制度があります。

※中央統計局では１日に必要なカロリーなどをもとに貧困ラインを設定

4　職業能力開発関連法令

　職業訓練に関しては労働法第９条から第30条に規定があり、労働者それぞれの職務能力に応じて段階的に行うものとされています。職業訓練システムは、対象者別にさまざまなプログラムが用意され、訓練機関も公的なものから民間の訓練センターまで多数の施設があります。

　労働移住大臣決定（No.KEP-261/MEN/XI/2004）により、労働者100人以上を雇用する企業は、毎年、全体の５％以上の労働者に対して職業訓練を行うことが義務づけられました。また、労働移住大臣規則（No.PER-22/MEN/IX/2009）は、見習いプログラムについての詳細を規定しています。見習いプログラムは、企業や訓練機関が求職者・学生・労働者を対象に、訓練と実働を組み合わせて行う労働訓練プログラムです。見習いプログラムの実施にあたっては、開催者と参加者の間で、プログラムの内容、期間および双方の権利等を定めた見習い契約を結び、担当機関に届け出ます。修了者は、国家職業能力認定庁（BNSP）に認定された資格証明機関を通じて職業能力証明を受けることができます。

5　労働事情

　中央統計局発表の2011年２月現在のデータによると、インドネシアの15歳以上の労働力人口は約１億1,940万人で、2010年８月の１億1,650万人から300万人近く増加しました。インドネシアでは、経済成長にとってプラスに働く「人口ボーナス」期間が今後20年続くとみられています。「人口ボーナス」とは、人口爆発から少子高齢化に向かう過程で、生産年齢層人口（15歳以上64歳以下）が非生産年齢人口の２倍以上となる状況のことをいいます。

　失業率は2006年以降減少傾向にあり、2011年２月の失業率は、前年８月の7.14％から6.8％に改善しました。ただし、失業者のうち25歳未満の

若年層が52%を占め、若者の雇用対策は喫緊の課題となっています。毎年250万人にものぼる新規労働力を吸収するためには、年6～7％の経済成長が必要といわれています。

インドネシアの教育水準は全体的に低く、労働力人口全体のうち初等教育しか受けていない労働者が半分近くを占め、大学卒業者は5％程度にとどまっています。豊富な労働力を誇るインドネシアですが、めざましい発展をみせるタイや中国と比べて労働生産性の低さが指摘され、労働力の質の向上が課題となっています。インドネシアの国際競争力は、世界経済フォーラムの国際競争力ランキング2010-2011年版では44位、経営開発国際研究所（IMD）の世界競争力年報2011年版では37位と評価されています。

コラム

2010年1月、サウジアラビア人の雇い主から虐待を受けていたインドネシア人家政婦が、雇い主を殺害するという事件が発生しました。2011年6月、事前の予告なしに家政婦が処刑されたことから、政府はサウジアラビアへの労働者派遣を禁止すると同時に、同国政府に対し、インドネシア人労働者保護に関する覚書（MOA）に調印するよう求めました。それを不服としたサウジアラビア政府は、インドネシア人家政婦に対する労働ビザの発給を停止しました。サウジアラビアでは約100万人のインドネシア人が就労しており、その多くは家政婦や建設作業員などとして働いています。出稼ぎ労働者は主要な外貨の稼ぎ手となってきましたが、今回の措置によって年間3兆ルピア（約240億円）の経済的損失が発生するとみられています。

【図表7　学歴別就業者数（2011年2月）】

(単位：　人)

	労働力人口計	就業者数	完全失業者数	完全失業率
小学校（修了・中退）	57,036,381	55,115,410	1,920,971	3.4%
中学校	23,028,324	21,225,315	1,803,009	7.8%
普通高等学校	18,618,641	16,353,838	2,264,803	12.2%
職業高等学校	10,809,562	9,727,888	1,081,674	10.0%
専門学校等	3,749,789	3,315,332	434,457	11.6%
大学	6,156,678	5,543,961	612,717	10.0%
合計	119,399,375	111,281,744	8,117,631	6.8%

出所：労働移住省

　インドネシアでは、インフォーマル・セクターに従事する労働者が全体の60％以上を占めるといわれています。インフォーマル・セクターとは、一般的に、個人または同一生計の家族によって小規模な形態で経営され、本来的な労働関係の周辺にあって各種統計に反映されにくい業種のことを指します。具体的には、屋台や露天商、ベチャなどの運転手、農業、家政婦、肉体労働者などがこれに含まれると考えられます。インフォーマル・セクターの労働者の多くは、通常の労働法の保護を受けられず、特に近年は家事労働者に対する搾取と虐待が大きな問題となっています。

　金融危機以降、仕事を求めてインドネシアから海外に出稼ぎに行く労働者も多く、マレーシアやシンガポール、サウジアラビアなどの国々で就労している出稼ぎ労働者は、不正渡航者を含めると約600万人にのぼるといわれています。国際人権団体が、多くの出稼ぎ労働者がパスポートを取り上げられたうえに暴力や性的嫌がらせなどの虐待を受けているという報告書を発表したこともあり、政府は労働者保護のための抜本的な対策を迫られています。

6　労働・社会保障法令の改正動向
(1)　労働法
　現在の労働法は、解雇や退職手当等に関する規定が労働者に手厚い内容になっており、そのため、正規労働者よりも期間雇用者の採用が増加

するなど、逆に法の保護を受けられない労働者を多く生み出しているとの批判があります。また、人件費の上昇による競争力の低下が外国投資の停滞を招き、雇用の創出に悪影響を与えているともいわれています。

使用者側からの強い働きかけもあって、政府は2006年に労働法改正案をまとめました。しかし、この法案には労働組合側が強く反発し、請願活動やデモが各地に広がる事態に発展し、法改正は中断されました。その後も、解雇、アウトソーシング、退職手当に関する規定を中心に改正の動きがありますが、今のところ実施にはいたっていません。

(2) 社会保障法

現行の社会保障制度は、業種ごとに異なる組織が混在しているため保障内容がまちまちで、また強制加入でないことから、対象が国民の一部に限られています。しかし、少子高齢化社会を前に、年金・医療保障をはじめとするセーフティネットの必要性はますます増大しています。その中で、全ての国民が等しく保障を受けられる制度の構築を目指して、2004年に国家社会保障法（2004年付法律第40号）が国会に提出され、翌2005年に可決されました。この法律は、医療保障、労災補償、老齢給付、年金、死亡保障の5つの制度を柱とし、全ての国民に加入を義務づけています。また、JAMSOSTEK社、TASPEN社、ASABRI社、ASKES社の4つの国営企業は、非営利組織として再編されることになっています。

国家社会保障法が成立してから長い間施行されないままになっていましたが、2011年10月に社会保障実施機関（BPJS）法案がようやく国会を通過し、全国民のための社会保障制度の実現に向けて大きな一歩を踏み出しました。

【参考文献】
『賃金と社会保障』No.149、「改革期に入ったインドネシアの社会保障」、菅谷広宣、旬報社
『年金と経済』vol.28 No.4、「インドネシアの老齢所得保障制度」、菅谷広宣、（財）年金シニアプラン総合研究機構
『年金と経済』vol.26 No.4、「インドネシアの老齢給付制度」、廣瀬賢一、（財）年金シニアプラン総合研究機構
『海外社会保障研究』 No.170、「インドネシアにおける医療保障制度とその課題」、福岡藤

乃、国立社会保障・人口問題研究所
『月刊インドネシア企業経営』2010年7月号〜2011年7月号、インドマルコ社
『インドネシア新労働法　解説』、PT.Fuji Staff Indonesia、2006
『インドネシアハンドブック2010年版』、ジャカルタ・ジャパン・クラブ
『ARCレポートインドネシア2010/11年版』、ARC国別情勢研究会
「各国・地域情勢　インドネシア共和国」、外務省　〈http://www.mofa.go.jp/mofaj/area/indonesia/index.html〉
「2009〜2010年海外情勢報告」、厚生労働省、〈http://www.mhlw.go.jp/wp/hakusyo/kaigai/11/〉
「国・地域別情報　インドネシア」、日本貿易振興協会（JETRO）〈http://www.jetro.go.jp/world/asia/idn/〉
「各国・地域情報　インドネシア」、海外職業訓練協会（OVTA）〈http://www.ovta.or.jp/info/asia/indonesia/index.html〉
国際労働機関（ILO）〈http://www.ilo.org/jakarta/lang--en/index.htm〉
世界銀行（World Bank）〈http://data.worldbank.org/country/indonesia〉
国際連合人口部（UN）〈http://www.un.org/esa/population/〉
インドネシア労働移住省〈http://www.depnakertrans.go.id〉
インドネシア保健省　〈http://www.depkes.go.id/〉
インドネシア中央統計局　〈http://www.bps.go.id/〉
P.T. JAMSOSTEK　〈http://www.jamsostek.co.id/index.php〉

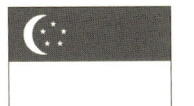

シンガポール共和国
Republic of Singapore

執筆者：大野　壮八郎

Ⅰ ── シンガポールの概況

　シンガポールは、東南アジアのほぼ中心、赤道直下の北緯1度17分、東経103度51分に位置し北のマレーシア半島とはジョホール海峡で隔てられています。面積は淡路島や東京23区とほぼ同じくらいです。地理的にも民族的にも、アジアの十字路といわれ、マレー系、中国系をはじめイギリス植民地時代に労働者として来たインド系、アラブ系、西欧人などさまざまな民族が住んでいます。そしてそれぞれの民族が独自の文化、生活様式を守り続けています。過去と現代、東洋と西洋がほどよく調和し不思議な魅力をかもし出しています。世界屈指の人口密度を誇る都市国家で、マレー半島の先端の島、面積は710平方キロメートルほどの国土に500万人以上の人々が暮らしています。住民は、中国系74.1％、マレー系13.4％、インド系9.2％、その他3.3％と複合民族国家となっていますが、共生しながらも異なる社会を形成しています。

　1819年1月、イギリス東インド会社で書記官を務めていたイギリス人トーマス・ラッフルズが上陸し、この地理的重要性に着目し、1819年2月6日、当時島を支配していたジョホール王国より商館建設の許可を取り付け、名称を英語風のシンガポールと改め、都市化計画を推し進めました。1824年には植民地としてジョホール王国から正式に割譲がなされました。

　第二次世界大戦中は日本の支配下、終戦後再度イギリスの支配下ののちに1965年独立を果たし、首相に就任したリー・クアンユーは、天然資源に恵まれない国情を考え、東南アジアにおける通商の中心地に位置するシンガポールを発展させるため、一党独裁体制下での通商都市国家の道を進め、いわゆる開発独裁体制の下で、職住近接型のジュロン工業団地の整備や、「HDB」と呼ばれる分譲公営住宅の普及を急速に進め、教育水準の向上や関税廃止を背景にした外資系企業の積極的な誘致、ハブ空港（チャンギ空港）、マナー管理などの徹底的な管理開発政策を進め

ました。さらに1960年代後半に入ると、イギリスの植民地の香港から多くの欧米企業がシンガポールに拠点を移し、また東南アジア諸国連合（ASEAN）には結成時に加盟、そして新興工業経済地域（NIES）の一角でもあります。近年、更なる発展を遂げ、今や世界の先端をいく国家となっています。

　主要産業は、製造業（エレクトロニクス、化学関連、バイオメディカル、電子部品、精密器械）、商業、運輸・通信業、金融サービス業などです。

　日系企業は約2,000社と、多くの企業が進出しています。東南アジア地域の拠点としている企業が多く、シンガポールを拠点に東南アジア地域はもちろん、インド等の南アジア、中東地域、オセアニア地域までをシンガポールの管轄にしている企業も多い状況です。最近は飲食業・小売業の進出が目立っています。2010年にはエレクトロニクスや医薬品に代表される製造業が急回復し、カジノに代表される観光関連産業の拡大が続いています。

■シンガポールの基礎データ

国名	シンガポール共和国 Republic of Singapore
国土面積	710平方キロメートル（東京23区（約700平方キロメートル）とほぼ同じ）
人口	約507万人（うちシンガポール人・永住者は373万人）(2010年)
首都	シンガポール
民族	中国系が74.1％、マレー系13.4％、インド系9.2％その他少数民族3.5％
言語	国語はマレー語。公用語として英語、中国語、マレー語、タミール語。
宗教	仏教、イスラム教、キリスト教、道教、ヒンズー教
政体	立憲共和制
元首	大統領（トニー・タン大統領（Tony Tan Keng Yam）(2011年9月1日就任、任期6年)）
議会	一院制。選出議員数87（任期5年）（与党：人民行動党81議席、野党6議席）
内政	リー首相は、14年間首相を務めたゴー・チョクトン前首相より2004年に政権を継承。建国以来、与党人民行動党（PAP）が圧倒的多数を維持しており（2011年5月の総選挙においても、87議席中、81議席を獲得）、内政は極めて安定しているが、野党・労働者党（WP）が1集団選挙区で勝利して過去最多となる6議席を獲得した。

主要産業	製造業（エレクトロニクス、化学関連、バイオメディカル、輸送機械、精密器械）、商業、ビジネスサービス、運輸・通信業、金融サービス業
GDP	222,701百万ドル（2010年）
１人当たりGDP	43,117ドル（2010年）
経済成長率	－1.3％（2009年）
物価上昇率	2.8％（2010年）
失業率	2.2％（2010年）
総貿易額	輸出：351,182百万ドル（2010年） 輸入：310,391百万ドル（2010年）
貿易品目	輸出：機械・輸送機器、鉱物性燃料、化学製品 輸入：機械・輸送機器、鉱物性燃料、原料別製品
日本の援助実績	有償資金協力　127.4億円（1972年度まで） 無償資金協力　31.17億円（1987年度まで。以降なし。） 技術協力実績　239.88億円（1998年度まで）
対日貿易	(イ)輸出入ともに、電子機器・電子部品が主要品目 (ロ)貿易額（2010年） シンガポールへの輸出　24,394百万ドル シンガポールからの輸入　16,378百万ドル
在留邦人数	23,297名（2009年10月現在）
在日シンガポール人数	2,604名（2008年12月現在）

出所：外務省、その他の資料に基づき筆者が作成

Ⅱ ── 労働法・社会保障法の概要

　2011年現在、成長率の高いASEANの消費市場は魅力的です。まずはシンガポールに進出して、そこを拠点として周辺国を開拓していこうという企業が多くなっています。特にベンチャー企業や中小企業がシンガポールに進出する例が増えています。シンガポールに拠点を設ける最大の利点は、会社設立の手間が少ないことです。規制が少なく、登記も数日で可能というスピード感があり、安心して会社設立が可能です。シンガポールは、1965年の分離独立以降、外資系企業を主役とする輸出志向工業化により高度成長を達成しました。初期の外資系企業の誘致には、低賃金労働力の提供、政情や労使関係の安定といった魅力的な環境を整備する必要がありました。これに大きな役割を果たしたのが労働組合でした。それは全国労働組合会議（National Trades Union Congress：NTUC）という組織です。このNTUCは労使協調を重視していて、リー・クワンユーら人民行動党の支持母体になるため組織されました。NTUCはこの労働運動を指導するのではなく、監督しているといった組織です。そして政治運動をするのではなく経済的発展を目指しているのです。従って労働法に関しては労使協調を旨としています。しかし2009年に人材開発省に届けられた労使紛争は、166件と前年（118件）に比べ大幅に増加しています。労働争議の理由別に見ると、賃金その他の労働条件に係わる紛争が2009年には72件と全体の43.4%を占めています。

　「シンガポールにおける労働者の権利報告書」（2009年）によれば、69の登録労働組合が全国労働組合会議（National Trades Union Congress：NTUC）の傘下にあり、他に独立した3組合（シンガポール航空会社パイロット組合、シンガポール輸送船舶労働者組合、シンガポール映画産業従業員組合）があります。NTUCの指導者層のほとんどが与党である人民行動党の活発なメンバーでありますが、NTUCと政府は互いに独立を保っています。

シンガポールには強制的な社会保険制度は存在しません。各労働者は自身で民間の保険会社が提供する各種の社会保険に加入することができます。しかし、全ての労働者は、労働者の定年退職時に生計費を保障するために1955年に設立された中央積立基金（CPF）に強制的に拠出金を納付する必要があります。CPFは全てのシンガポール人と永住権保有者のための包括的な社会保障貯蓄制度になっています。

　CPF拠出金は加入者の３種類の口座に振り込まれます。すなわち普通預金、メディセイブ（医療保険制度）および特別預金の３口座です。労働者は、CPFのメディセイブ口座を使って医療・入院費に充てるためメディシールド保険料を支払います。普通預金口座の貯蓄は、住宅購入、投資、保険やCPF委員会が承認した教育目的でも使用することができます。特別預金口座の貯蓄は老後や不測の事態に備えて積み立てられます。労働者は55歳でCPF貯金を引き出すことができますが、62歳で退職する時の月収を確保できるように定年退職口座に最低限の金額を残しておかなければなりません。

1　労働関係法

(1)　労働基準関係法（雇用法）

　労働基準関係法としての雇用法は全ての個人を対象としています。雇用の基本的な契約条件、雇用者と労働者の権利義務を明確に規定しています。同法は労働契約に関する全ての法令に対応し、雇用者、労働者双方が確実に保護される基準を定めています。契約の終了、解雇予告通知、予告なしの解雇、法的効力のある契約年齢、契約違反の法的責任、雇用者の変更、雇用の譲渡にかかわる非合法な雇用契約の条件を規制します。雇用法は、外国人労働者、臨時労働者等を区別することなく全ての労働者を対象とします。ただし、適用対象外となるのは、月額基本給2,500シンガポールドル以上の管理職者、経営者、船員、家事労働者、公的機関あるいは政府が雇用する者となっています。

　また、2011年９月から月額基本給5,000シンガポールドル以下の肉体

労働者(ワークマン)、もしくは月額基本給2,000シンガポールドル以下の肉体労働者以外の労働者の場合のみにしか「休日、労働時間、その他の労働条件」は適用されません。

ⅰ　契約の種類・期間

　労働者の必要最低限の労働条件を定めた法律はEmployment Act, Chapter 91 (以下「雇用法」)です。契約の種類は書面または口頭によります。あとあとの紛争を回避するためには書面による契約にしておくほうが望ましいことです。期間については雇用者と労働者との契約期間となります。契約の内容は、労働者の職務内容、勤務時間と有給休暇、雇用期間(開始および終了)、報酬、賞与、昇給などです。

　また、日本の労働契約書をそのまま使用したときなどはシンガポールの労働法制や実務にそぐわない場合が多いので専門家のチェックが必要でしょう。

ⅱ　労働契約の終了

　雇用法の適用の対象となっていない労働者については、雇用者と労働者が双方の合意により、労働条件や権利・義務を労働契約で定めるため、労働契約の規定に従って行われることになります。

　一方、雇用法の適用を受ける労働者を解雇する場合は、雇用法の規定を遵守しなければなりません。いずれも書面で相手方に通知しなければなりません。

　以下雇用法の適用を受ける労働者に対する解雇通知の留意点は次の通りです。

① 　労働契約の終了

　労働契約は原則、契約期限の到来時に終了します。

② 　労働契約の解除

　原則として雇用者あるいは労働者のいずれからも労働契約の解除を予告通知することにより、契約を解除することができます。

③　労働契約解除の予告通知

予告通知期間は個別の契約によりますが、契約がない場合は以下の期間が適用されます。

雇用期間	予告通知期間
26週間未満	1日以上
26週間以上2年未満	1週間以上
2年以上5年未満	2週間以上
5年以上	4週間以上

ただし、一方の当事者が労働契約の条件に意図的に違反した場合は、予告通知なしに契約を終結することができます。通知は口頭または文書で行うことができますが、実務上は書面の交付の他、電子メールなどの方法によっても行うことができます。

④　雇用者が通知なしあるいは予告通知期間の満了前の労働契約の解除

当該労働者が労働契約終了のための予告通知期間まで働いた場合に得られるはずの賃金に相当する金銭を支払う必要があります。具体的には、解雇する労働者に対して、雇用者は解雇日もしくは解雇後3日以内に給与を支払うこととなっています。労働者からの事前通告による契約終了の場合も、雇用者は未払い分の総給与を支払わなければなりません。事前通告なしの場合でも、雇用者は契約解除から7日以内に労働者に支払わなければなりません。そしてシンガポールでは解雇に対し日本のような解雇のための合理的理由は不要となっています。

⑤　労働者が不正行為をした場合の解雇（懲戒解雇）

雇用者は、労働者が勤務条件に違反する不正行為をした場合、予告通知なしで、労働者を解雇することができます。そのときは事前に不正行為の究明を充分にしなければなりません。

また解雇する代わりに、以下のような措置をとることもできます。

・即座に労働者を降格する
・即座に1週間を上回らない期間、労働者を無給で出勤停止とする

ただし、労働者が正当な理由または根拠なしに解雇されたと考えたとき、その労働者は、解雇後1ヵ月以内に、復職できるよう人材開発大臣に書面で控訴することができます。人材開発省で案件を調査し不当解雇と認められた場合、大臣が復職と金銭補償のどちらかが適切か判断を下すことになっています。

⑥ 整理解雇

整理解雇は経営上の理由による解雇です。解雇できるか否かまたは予告通知の期間の考え方は、普通解雇と同じです。違うのは、整理解雇手当の支給義務が争点となるということです。また勤続3年未満の労働者は、整理解雇手当の支給を雇用者に請求できません。

⑦ 解雇制限

解雇については、別の政策的観点からの制限が次の通り規定されており、この制限が優先されます。

・産前産後の休業期間中の解雇（雇用法）

・労働組合の結成を理由とする解雇（労使関係法）

・兵役を理由とする解雇（兵役法）等

契約を解除するときは、書面で労働者に通知しなければなりません。書面による契約がない場合は、解除の通知は口頭で合意した内容になります。

iii 労働時間

労働時間は、原則として1日あたり8時間、あるいは1週間あたり44時間を超えてはならない、1ヵ月あたりの残業時間は72時間を超えてはならないとされています。

現在は、企業は時間外、休業日、祝祭日労働の法規定の適用除外を受けることができるようになり、また状況に応じ時間外、休業日、祝祭日労働に対する現金払いの免責、あるいは法定割増賃金率と異なる率の使用を受ける許可を受けられるようになっています。

週の労働日数が5日以内である場合、雇用者と労働者が個別に合意の上、1日又はそれ以上の日数の労働時間を8時間未満にすることで、残

りの労働時間について9時間を上限に延長することができます。また、他の週の労働時間を減らすことで、週44時間以上労働させることができます。ただし、週48時間又は連続する2週間で88時間以上労働させることは禁止されています。

iv　休憩・休日・休暇

　3ヵ月以上勤務した労働者に対しては、1年間につき少なくとも7日の有給休暇を与えなければなりません。以後有給休暇の日数は1年につき1日ずつ加算され、最大14日の年次有給休暇を与えなければなりません。ただし月間または年間の就業日数の80パーセント以上出勤を条件としています。また、雇用法改正により、雇用法の適用を受ける全ての労働者に有給病気休暇が与えられるようになりました。また連続して6時間以上勤務する場合は、労働者は休憩時間を請求することができます。また1日連続して8時間以上勤務する場合は、少なくとも合計して45分以上の食事のための休憩時間を与えられなければなりません。そして全ての労働者は、1週間に1日の休日が認められています。

　所定労働時間外に労働した場合は、通常の基本時間給の1.5倍を支払わなければなりません。祝祭休日に労働する場合は通常の基本給の2倍を支払わなければなりません。

　雇用者は仕事の性質上交替勤務が継続的に必要でない限り、労働者に休日あるいは祝祭日に勤務を強要できません。給与は労働者の要請に応じ、就業時間に従って支払われます。就業時間が通常労働時間の半分以下の場合、半日分の給与が支払われ、半日分を超過する場合は1日分の給与が支払われます。

就業時間	給与
所定労働時間外に労働	通常の基本時間給の1.5倍
祝祭休日に労働	通常の基本給の2倍
通常労働時間の半分以下	半日分の給与
通常労働時間の半分を超過する場合	1日分の給与

コラム

　シンガポールは宗教行事に関連する祝日が多いため、祝日の日付が毎年変わります。

2011年祝日	内容
1月1日(土)	**正月** 　31日の夜は、カウントダウンなどで多くの人が集まり、お祭りのような賑わいを見せます。
2月3日(木) 2月4日(金)	**旧正月** 　春節とも呼ばれます。旧正月は中国圏では最も重要視される祝日で、新暦の正月よりも盛大に祝われます。シンガポールも中国系の民族が多いため、旧暦の正月も祝日になっており、盛大に祝われます。この日の前後にはチンゲイ・パレードやリバー・ホンバオといった華やかなフェスティバルも開催されます。 　日付は旧暦で計算されているため、毎年変わります。
4月22日(金)	**グッド・フライデー** 　シンガポールはかつてイギリスの植民地であったため、キリスト教徒が人口の約20％を占めています。そのため、キリスト教の祝日であるグッド・フライデーが祝日になっています。グッド・フライデーは復活祭の前の金曜日にあたります。

5月1日（日）	**レーバー・デー** 　日本でいう勤労感謝の日です。世界的にはメーデーの名で呼ばれています。
5月17日（火）	**ヴェサック・デー** 　お釈迦様の誕生日を祝う仏教の祝日です。日本では花祭りと呼ばれています。人々は、花やフルーツなどのお供えものを持ち、お参りに出かけます。日付は旧暦に基づきますので、毎年変わります。
8月9日（火）	**ナショナル・デー** 　この日はシンガポールの独立記念日です。多種多様な民族や宗教が混在しているシンガポールですが、お互いをシンガポール人であると再度認識しあい、一体感を強めるため、盛大な式典が行われます。シンガポール国軍による戦車のパレードや航空ショーなどが催されます。
8月30日（火）	**ハリ・ラヤ・プアサ** 　イスラム教のラマダン（断食）明けとともに到来するイスラム暦の新年を祝う祭日です。日付はイスラム暦に基づき毎年変わります。
10月26日（水）	**ディーパヴァリ** 　ヒンドゥー教の新年にあたります。ヒンドゥー教の伝説に基づいており「神（光）」が「悪（闇）」に勝利したことを祝う「光の祭典」を意味しています。シンガポール人口の約1割がインド系住民であり、ヒンドゥー教徒であるため、この日のインド人街は大変賑わっています。

11月6日(日)	**ハリ・ラヤ・ハジ** 　　上記のハリ・ラヤ・プアサとともに、イスラム教の二大祝祭として有名です。この祝日は犠牲祭とも呼ばれ、羊や牛の肉を屠り、貧しい家庭にも分け与えるイスラム教でいうところの「喜捨」が行われます。日付はイスラム暦に基づくため、毎年変わります。
12月25日(日)	**クリスマス** 　　シンガポールのクリスマスは、日本と同じように街がツリーやイルミネーションできらびやかに飾られます。特にシンガポール随一のショッピングエリアであるオーチャードロードのクリスマスライトアップは有名です。

日曜日が祝日に当たる日は翌月曜日が振替休日になります。

(2) 賃金関係法

　シンガポールではそもそも最低賃金法が存在しませんので、賃金は全て雇用者と労働者との交渉によって決定されます。

　毎年の賃金水準については、シンガポール全国使用者連盟、全国労働組合会及び政府の三者構成委員会である全国賃金評議会（National Wage Council：NWC）が毎年6月に賃金指針を策定して、それを踏まえて労使交渉が行われるのが通例です。

(3) 労働安全衛生関係法

　職場安全衛生法（Workplace Safety and Health Act：WSHA）の目的は良好な安全習慣を育成し職場における安全衛生を守ることです。この法律は、職場の安全衛生の積極的な管理に重点をおき、作業者や、作業の影響を受ける労働者以外の者の安全衛生を守るため、適切で実行可能な手段を講ずるよう利害関係者に求めるものです。この法律に該当する者が引き起こす可能性のある危険を除去又は最小限に抑え、産業界の安全衛生意識をより高め、安全管理の不備には厳罰を科して事故を未然に防ぐことが労働安全衛生（Occupational Safety and Health：OSH）基準の基本原則です。

(4) 労使関係法

　労使関係法は、団体交渉、調停、労働仲裁裁判所（Industrial Arbitration Court：IAC）による仲裁を通じた労使紛争の抑止、解決の枠組みの設定を目的に1960年に制定されました。

　労働者は賃金その他の問題に関して組織を作り雇用者と団体交渉を行う権利を有しますが、労使関係法と政府の規定に従わなければなりません。労働争議が雇用の移動、幹部社員へ支払われるべき人員削減給付金、労働契約違反に関する場合は労働争議は労働仲裁裁判所へ提訴されます。

(5) 女性、年少者および社会的弱者保護関連法

　雇用法第8章の規定により、15歳以下のいかなる者も雇用してはなりません。ただし家族のみを雇用する非工業の軽作業の場合に限り13歳以

上の者を雇用してもよいことになっています。他の許可された年少者の雇用には教育省、技術教育機関、技術、職業、あるいは工業訓練学校によって承認・監督された労働もしくは徒弟制度プログラムが含まれています。これらの法律に違反した場合、児童・年少者法第48条によって児童への配慮と保護が与えられます。

　育児休暇は適用法令により、資格要件や有給となる期間等が異なります。児童育成共同救済法では、①結婚している親、②シンガポール国籍者（管理職、経営幹部、守秘義務を負う職位にある者）、③出産以前に90日以上就業した者には育児休暇手当が与えられます。②の条件が満たされない場合、最初の8週間超過した分の育児手当の支給は雇用者の自由裁量に委ねられますが、雇用者は政府に給付の請求をする権利がありません。①と②の基準を満たしていないが、出産1年以内に満たした場合は受給資格があります。雇用法の規定に該当する場合、出産する女性は③の条件を満たしていれば12週間の育児休暇が与えられます。この規則は自営で、ある特定の事業、取引、専門的職業に出産前に90日以上継続的に従事し、育児休暇を取得した結果、収入を喪失した女性にも適用されます。この規則は、有期契約・臨時・パートタイム・試用期間中の労働者にも適用されます。育児休暇は出産4週間前と出産直後の12週間です。

(6)　労働紛争解決関連法

　労働争議法は労働争議行為、ストライキ、ロックアウトを規制します。同法は、労働争議やストライキが基準に従って実施されることで、争議やストライキが政府に強要をして社会に困難を引き起こすのを防ぎ、また、争議が拡大しないようにします。このような問題を引き起こさなければ、非合法な労働争議の結果でも非合法とは見なされません。

(7)　その他雇用労働に関する法令

　パートタイム労働者は雇用法が適用され、週当たりの労働時間は35時間以内と規定されています。雇用契約には、パートタイム労働者の合意基本時間給、1日・1週間・1ヵ月の労働時間数を明記しなければなり

ません。1週間に5日就業する場合には1日の休業日が与えられます。合意した1日当たりの労働時間を超過した場合、超過分は時間外労働として計算します。パートタイム労働者も、3ヵ月以上勤務すると育児手当、有給祝祭日、病気休暇、年次休暇が与えられます。シンガポール労働者基金法（Singapore Labor Foundation Act）は、労働組合員と家族の福祉を向上し、シンガポールの組合活動を一層発展させるために制定されました。同法は基金、運営委員会、及び労働者の管理経営と、収入、資産の用途、株式の発行、経理の開示、善意の行動から発した不利益からの保護を規定しています。

また、外国人労働者雇用法（Employment of Foreign Manpower Act）により、全ての外国人労働者とその福祉が守られ、有効な就労パスを保持できるようになっています。

2　社会保障関連法

シンガポールは管理国家の色彩が非常に強く、国家は経済政策に注力し、国家の社会保障への関わりは薄く、老後の所得保障は個人が自助努力で積み立てるという思想が基本となっています。この貯蓄制度は老後の所得保障のみならず住宅、医療、教育等にも適用され、制度が拡充されてきました。そしてこの制度の導入・拡充当初の目的であった経済成長や住宅の供給増はこの貯蓄制度により成功を収めることができました。

(1)　年金制度

シンガポールの年金制度は中央積立基金（Central Provident Fund：CPF）と呼ばれる完全積立方式の拠出建て制度で行われています。

労使双方とも、CPF拠出金を支払う義務があり、55歳以下の労働者の拠出金は基本給の36％となっています。内訳は雇用者が労働者の月額給与の20％を負担、労働者が16％を拠出しています。また労働者が61歳から65歳の場合、拠出割合は15％、66歳以上の場合は拠出割合は10％となっています。これは雇用者が高年齢労働者を雇用することを奨励する政

策に基づいています。

　加入者(シンガポール国民、永住権保持者〈PR〉、任意加入者)の医療費、住宅購入資金、投資、年金として引出すことができます。

　CPFは全て個人口座に積み立てられるため自分の口座の残高が明確なことです。CPFの場合は、年金以外にも住宅購入資金や投資、子供の教育資金といった用途での引出しが可能で、かなり使い勝手が良くなっていますが、シンガポールの場合は自分の積み立てた金額の範囲内という制約があります。その点、日本の場合、高額な医療費がかかった場合も自己負担が少なくてすむようになっています。このように自助か公助かの違いがあります。

　国民に対する個人年金情報の提供中央積立基金委員会のウェブ上で、本人の年金情報を閲覧することが可能です。

　老齢年金はCPFの残高が無くなるまで支払われます。老齢給付は55歳以上から引き出すことができますが、平均余命が伸張しているので、昨今は加入者に対し、引出し開始を遅らせることを奨励しています。

　障害年金は就労不能になった時に、本人に対して、普通口座残高と2.5%相当の金利、および、特別口座・メディセイブ口座残高と4%相当の金利の合計が一時金で支給されます(ただし、必要な一定額は口座に残す必要があります)。

　遺族年金は加入者が死亡した時に、遺族または法定相続人に対して、全口座の残高が支払われます。

(2)　医療保険制度

　メディセイブ分は給与の6～8%にあたり、主に政府系やメディセイブが提携している病院での医療費に使用できますが、支払額に限度がありますので、自己負担分をカバーするために個人で民間の保険に加入し、雇用者が負担、あるいは雇用者が保険に加入してカバーするのが一般的です。CPFに加入していない多くの日本人の方は海外旅行者保険や民間の医療保険に加入して自己負担分をカバーしています。シンガポールの医師には、アメリカやイギリスなどに留学し、最新の医療を学んでいる

場合も多く、高い医療レベルにあります。国内には13の公立病院・専門医療機関と16の私立病院・専門医療機関があり、また日本人医師・看護師が常駐する日系のクリニックもあるので安心です。

(3) 失業保険制度

　CPF制度では日本の失業保険のようなものは無く、従って失業しても保障は無いのですが、幸い失業率の低いシンガポールでは仕事探しも比較的容易で今のところ問題にはなっていないようです。1998年末にアジア通貨危機で失業者が急増した際に、当時のリム・ブーヘン労働組合書記長（無任所相兼任）は、「政府は、食糧、住居、衣服、保健、教育の五分野で、国民の基本的要求の充足と福祉を保証している。失業保険制度を導入する必要はない」とテレビで発言しているほどです。

(4) 労働者災害補償法制度

　全てのブルーカラーおよび月収1600シンガポールドル（1081米ドル）未満の低所得事務系労働者を対象とする労働災害補償法は、業務の遂行中に負傷した労働者、職業病を罹った労働者に対する補償金の支払について規定しています。該当労働者は医療休暇期間中に受け取る賃金とは別に、傷害が永久労働不能障害を招いた場合は、一時金による補償金を受け取る権利があります。

3　労働者福祉関連法

　子供の雇用については、雇用法第8章の規定により守られていますが、法律に違反した場合、児童・年少者法第48条によって児童への配慮と保護が与えられます。高齢者の雇用についても、2012年に再雇用法が施行され、定年退職者が再雇用されることになります。

　全ての外国人労働者とその福祉が守られ、彼らが有効な就労パスを保持できるようになっています。またパートタイム労働者も、3ヵ月以上勤務すると通常の労働者と同じ待遇が受けられるようになっています。

4　職業能力開発関連法令

　技能開発促進法に基づいて、雇用者は月収1,000シンガポールドル（595.20米ドル）未満の労働者のために技能開発基金（SDF）に拠出する義務があります。拠出額は、労働者の総賃金の1％または2シンガポールドル（1.20米ドル）のうちどちらか高い金額です。その時点でSDFは労働者を訓練のため送り出す企業に交付金を支給します。また、職業訓練を通じて低賃金労働者も競争力を高め、より高位の職に就くための支援として、政府が認定する職業訓練への参加に係わる経費及び訓練期間中の給与の最大95％を支給する勤労者職業訓練補助制度（WTS）を2010年7月より開始しました。

　シンガポール全国労組会議（NTUC）の技能開発局は、技能再開発計画（SRP）と労働者訓練計画（WTP）の2つのプログラムを通じて労働者のために訓練を施しています。SRPは中高年、低学歴または人員整理された労働者を対象にしており、参加者はシンガポール人または永住権保有者でなければなりません。一方、シンガポール使用者連盟（SNEF）は、経営者、幹部、スタッフのために、賃金管理、労働法、労使関係、人材育成、職務評価などの分野で訓練を施しています。

5　労働事情

　シンガポールの労働市場の特徴は、常に流動的で、雇用や転職が常態化していることです。労働者の勤続年数が短いため、求人や採用は比較的頻繁に行われています。

　シンガポールの総就業者数（非居住者を含む）をみると、1998年の187万人から2001年には226万7,300人へと増加を続けましたが、2001年以降は経済成長の減速を反映し減少に転じています。その後経済の回復とともに2004年以降、就業者数は増加傾向を辿っています。2007年の就業者数は267万800人と前年（250万5,800人）を上回りました。

　失業率も1997年はわずか1.8％に過ぎなかったが2001年以来悪化傾向になり2004年には3.6％に上昇しました。しかし、2004年からは改善の

方向になり、2007年には2.3％に低下しました。またシンガポールでは若年者雇用には問題がないのですが、増加する高齢者の雇用促進に注力しています。

　就職は、通常面接だけで行われ、雇用契約を結び、指定された日からすぐ仕事に入ります。求人はコネ、エージェント、新聞広告、インターネットで行われています。転職は常態化していて、転職をマイナス評価せず、逆に経験を評価しています。転職は好況時には多く、不況時には少なくなります。

6　労働・社会保障法令の改正動向

　シンガポールの人口高齢化問題への対応は高齢労働者の雇用可能性に関する三者委員会が行っています。2012年に再雇用法が施行され、定年退職者が再雇用されることになります。2020年にはシンガポールの人口の5人に1人が65歳以上となる見通しで、特にこの人口層のための職業活動分野を創出することが対策のひとつになると予想されます。

　定年退職法（Retirement Age Act）の対象はシンガポール国民と永住権を持つ、管理職、専門職、経営幹部を含むすべての労働者となっていますが、1993年7月に導入された当時は60歳を定年としていました。1999年1月に62歳に定年が引き上げられ、定年退職法で62歳以下の労働者は年齢を理由に解雇されないと規定されました。リー・クワンユー顧問相は2010年7月28日の公式の対談の中で、定年を設定すべきでなく、年齢に関係なく働くことが望ましいと発言しています。しかしリム首相府相は国会答弁で、ただ単に定年を廃止するだけでなく、高齢者の就労率を上げることが大切であると述べています。そしてその方向への諸政策により、今日では55歳から64歳までの就労率が高まっています。

【参考資料】
「シンガポールの雇用労働関係法令」、OVTA（財団法人　海外職業訓練協会）
『シンガポールを知るための62章【第2版】』、田村慶子、明石書店
「シンガポール共和国」、外務省
『年金と経済』　Vol. 28　No.4,「シンガポールの年金制度」、有森美木
『週刊東洋経済』、2011. 7. 16　P.64〜65
ハローシンガポール　2011　COMM PIE LTD

ASEAN—JAPAN CENTRE　国際機関日本アセアンセンター
ARCレポート新装版―経済・貿易・産業報告書―2009/10　シンガポール
特集/シンガポールの就職事情「シンガポールの社会保障制度」　AsiaXjob
Employment Act (Chapter 91, Sections 38, 42, 43 and 44), Ministry of Law
Singapore Facts and Pictures 1998, Ministry of Information and the Arts
1997 Singapore Yearbook of Manpower Statistics, Ministry of Manpower
「2009～2010年 海外情勢報告」、厚生労働省大臣官房国際課
日本貿易振興機構（ジェトロ）
国際労働機関（ILO）

タイ王国

Kingdom of Thailand

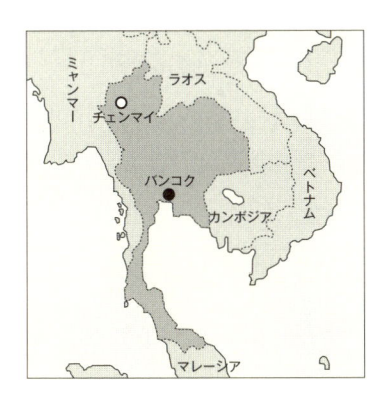

執筆者：山田　恵子

Ⅰ——タイの概況

　タイは亜熱帯気候に分類され、5月中旬から10月ころにかけての雨季と11月から3月にかけての寒季と呼ばれる涼しい乾季と4月には暑季と呼ばれる非常に暑い乾季のある気候が特徴です。天然資源としては、錫、イットリウム、褐炭、石炭岩、石膏、天然ガスなどがあります。また、タイの鉱物資源は国家が所有しており、「B.E.2510鉱物法」において鉱物の規定があり、工業省（Ministry of Industry）の鉱物資源局（Department of Mineral Resources）が広範な責任を持ち管理運営しています。

　タイ国民の8割はタイ族でその他の民族として、華人、マレー族のほか北部の山岳地域にはアカ族、カヤー族、パダウン族、ミエン族、モン族、ヤオ族、リス族などの少数民族が暮らしています。また、タイは仏教国であることで知られていますが、仏教徒の割合は国民の94％〜95％程度で、宗派の主流は、修行しなければ救われないという「上座部仏教（小乗仏教）」です。

　タイの労働者の国民性を理解するには、まず歴史を理解するのがよいといわれています。

　歴史を振り返りますと、古くからの王朝制度の国で、ハリプンチャイ王国（661年〜11世紀）、ランナータイ王国（1296年〜）という王国が存在しますが、「タイ王国」の設立は、1238年、タイ民族の指導者（不明）がスコータイでクメールの大君主を倒し、タイ王国を設立したスコータイ王朝（1238年〜1438年）を起源としています。スコータイ王朝はタイ人による初めての統一王朝で、歴史的にはタイ文字の発明などがされました。1378年、アユタヤ朝の属国になりますが存続し続け、1438年に王が死去し後継者が途絶えた時にアユタヤ朝に吸収される形で200年の歴史の幕を閉じます。一方、アユタヤ朝（1350年〜1767年）は、1350年、ラーマティボティ1世（位1350〜1369年）による統治が始まりです。

アユタヤ朝は、設立されると矢継ぎ早に周辺国家を支配下にして勢力を拡大します。現在のカンボジアにあたるクメール王国をも侵攻し、1432年、クメール王朝の首都はアンコールから現在の首都プノンペンに遷都します。一時期ビルマ軍の侵攻に合うも復興し、日本人、中国人、クメール人、オランダ人などは自治区を許可され、日本人では有名な山田長政（1617年〜1630年）が日本人村を盛りたてます。

　1617年、山田長政は、日本へ使節を送るなど当時から日タイ両国に親交がありました。日本は、当時のタイ（当時日本ではタイを「シャム」と呼んでいました。）に相応する時代は、江戸初期でしたので、1639年の江戸幕府による鎖国により両国の親交は一旦途絶えることになります。ただ、一説によると出島の中国経由で親交は続きます。その後、アユタヤ朝は２度目のビルマ軍の侵攻で消滅し、タークシン王によるトンブリー王朝（1767年〜1782年）が設立されます。

　タークシン王は晩年、精神錯乱を起こし、仏ではなく自分を拝むことを僧侶に強制し、断った僧侶を鞭打で殺したといわれています（書物の記載はなく、タークシン王の乱心事件の事実は不明）。衝撃を受けた民衆は、当時、カンボジア遠征から帰還したラーマ１世にタークシン王の処刑を求めました。

　タークシン王の処刑後、ラーマ１世が現在のチャングリー王朝（1782年〜現在）を設立しました。日本はといいますと、ペリーの浦和来航を経て、1854年の日米和親条約・1858年の日米修好通商条約の締結で開国することになる時代でした。1867年、大政奉還が行われ、日本は明治時代へと移ります。

　タイと日本は、1887年、「日暹修好通商に関する宣言」（通称：日タイ修好宣言）を締結し、再び国交を開始することになります。日本とタイの親交は、日本の皇室と国民から支持を得ているタイ王室の親しい間柄にあるといわれています。タイでは日本の皇室に尊敬の念をもっている方が多いようです。また、タイでは、相手の気持ちを尊重するなどの日本的な感性が通じる国民性があり、親日派の方が多いとされています。

■タイの基礎データ

国名	タイ王国 Kingdom of Thailand
国土面積	51万4,000平方キロメートル（日本の約1.4倍）
人口	6,387万人（2010年末）
首都	バンコク
民族	大多数がタイ族。その他、華僑、マレー族、山岳少数民族等。
言語	タイ語
宗教	仏教　94％、イスラム教　5％
政体	立憲君主制
元首	プミポン・アドゥンヤデート国王陛下（ラーマ9世）
議会	下院　480名（選挙区　400名、比例区　80名） 上院　150名（公選　76名、任命　74名）
産業	製造業（GDPの約36％）、農業（GDPの約12％） 農業従事者は労働人口の約40％、製造業従事者は約15％
GDP（名目）	10,1兆バーツ（2010年）
一人当たりGDP	4,992ドル（2010年）
GDP成長率	7.8％（2010年）
消費者物価上昇率	3.3％（2010年）
失業率	1.04％（2010年）
貿易	輸出　1,953億ドル（2010年） 輸入　1,824億ドル（2010年）
主要貿易品目	輸出　コンピューター同部品、自動車・同部品、宝石・宝飾品、精製燃料、集積回路、米等の農作物、衣料品

	輸入　原油、産業機械、鉄・鉄鋼、化学品、電気機械・同部品
主な貿易相手国	米国、中国、日本、シンガポール、UAE、マレーシア他
通貨	バーツ
為替レート	1ドル＝約30.15バーツ（2010年末）
日本の援助実績 （2009年末まで）	有償資金協力　44.6億円（2009年度、E/Nベース） 無償資金協力　2.3億円（2009年度、E/Nベース） 技術協力　　　24億円（2009年度、実績ベース）
主要援助国	(1)日本　(2)米国　(3)スウェーデン　(4)デンマーク
対日貿易	日本からの輸入額　1,524億ドル 日本への輸出額　1,336億ドル
主な対日貿易品目	日本からの輸入　乗用車、バス・トラック、建設・鉱山用機械 日本への輸出　衣料付属品、履物、コーヒー、木材
日本からの投資	縫製業、木材加工業、部品組立業、植林業、農業、電力、鉱業など
在留邦人数	43,925人（2010年10月現在）
在日タイ数	45,805人（2010年8月現在）

出所：外務省、タイ国家経済社会開発庁

Ⅱ──労働法・社会保障法の概要

　タイでは、第二次世界大戦後の1950年にストライキが多発し、当時の工場公務員が上級公務員との格差是正を図る市民運動に発展したことにより、1951年に「一般公務員に関する退職金・給付・労災制度」が制定されましたが、民間の被用者の社会保障制度の創設には発展しませんでした。実に40年後にあたる1990年に「社会保障法」が被用者社会保障制度として創設されました。

　1990年の制定当初、「社会保障法」の適用事業所は労働者20人以上の事業所でしたが、1993年より労働者10人以上の事業所、2002年より労働者1人以上の事業所へ適用が拡大されました。

1　労働関係法

　タイは、外資系企業の進出が盛んであることもあり、労働関係法は国際基準に近い法制度となっております。2008年、"外国人"の"就労"に関する法律が全面改正され、外国人就労について大きな変更がありましたが、労働分野では、依然として他国と比べ外国人の就業規制がある点に特色があります。

(1)　労働者保護法

　日本の労働基準法にあたる「B.E.2541労働者保護法」（以下、「保護法」と表記する）が1998年2月12日に公示されました。国営企業以外の一般企業に適用となります。前身の法律は、1972年3月16日付革命団布告No.103および1972年3月16日団布告No.103を改正する法律No. 1は廃止されました。この法律の制定時、国王は議会の勧告に基づき国民への慈悲の思いで本法を公示したとされています。

ｉ　補償金の預り

　使用者は、労働者に保証を要求し、または預ることができるものの種類、方法は大臣が定める規則に従います。（保護法10条、特定業種被雇

用者からの労働保証金、あるいは業務上の被害に対する保証金の要求または受取の原則及び方法に関する労働・社会福祉法省令1998年8月19日）

※対象業務としては以下の通り
　a　会計主任
　b　現金出納係
　c　使用者の地所または財産、あるいは使用者が責任を持つ住所の警護または管理
　d　債務取り立てまたは催促
　e　乗り物（自動車等）の管理及び責任者
　f　売買、交換、賃貸、リース、貸付、財産の受託、質の受け、担保引き受け、倉庫保管、保険引き受け、送金/振込等の業務の金銭または財産の管理者である被雇用者。
※保証金の金額は使用者が保証金の受取日の使用者の平均日給の60倍以下。預託方法は、使用者が保証金を銀行等金融機関に預金し、被雇用者名義で預金口座を作成。保証金受取日から7日以内に文書で、金融機関名、口座名、口座番号を被雇用者に通知。

ⅱ　労働時間及び休憩

　1日の労働時間は8時間以下かつ1週間の労働時間合計48時間以下となっており、省令（1998年労働保護法に基づく労働・社会福祉省令2号1998年8月19日）で定める危険業務は、1日の労働時間は7時間以下かつ1週間の労働時間合計が42時間以下となります。（保護法23条1項）

　5時間連続の労働時間後は1時間の休憩が必要です。ただし、労使の間で、休憩時間を1回20分以上、1日の合計が1時間以上と取り決めることも可能です。（保護法27条1項、4項）

ⅲ　時間外、休日労働時間の限度

　時間外勤務の時間、休日勤務の時間は合計で1週間につき36時間以下となります。（保護法26条、1998年労働保護法に基づく労働・社会福祉省令3号 1998年8月19日）

　休日は、1週間に1日以上で、また、休日と次の休日の間は6日以内の間隔が必要です。ホテル、運輸、林業、その他省令で定める業務は、労使の事前に合意により、連続した4週間以内に消化に限り繰り延べが可能です。（保護法28条）使用者は、大臣が告示するメーデー（5月1日）を含め1年間に13日以上の祝祭日を休日と別途に定めて事前に労働者に対して公示します。（保護法29条）

iv 割増賃金の支払基準

割増賃金の種類	内容（管理職以外の労働者に対して支給）
時間外勤務手当	労働日の時間当たり賃金額の150％以上。出来高の労働者については、労働日の出来高単位賃金額の150％以上。（保護法61条）
休日労働手当	労働日の時間当たり賃金額の200％以上、また、出来高の労働者については、労働日の出来高単位賃金額の200％以上。（保護法62条）
休日時間外労働手当	労働日の時間当たり賃金額の300％以上、また、出来高の労働者については、労働日の出来高単位賃金額の300％以上。（保護法63条）

v 年次有給休暇

満1年継続して労働した労働者は1年に6労働日の年次有給休暇の取得が可能です。当該年度に使用しなかった年次有給休暇を保留して翌年に繰越し、翌年の年次有給休暇に合算することを労使の事前合意で可能で、1年未満の労働者に対して比例付与年次有給休暇の定めも可能です。（保護法30条）

vi その他の休暇

休暇の種類	休暇の内容
病気休暇	連続3日以上の病気（医師の証明必要）で30日上限有給（保護法32条、57条1項）
不妊手術休暇	医師の判断による日数有給（保護法33条、57条2項）
軍事休暇	点呼、軍事訓練、軍事演習が対象で60日上限有給（保護法35条、58条）
出産休暇	休日を含めての90日の休暇請求可能でうち45日は有給（保護法41条、59条）
教育訓練休暇	満18歳未満の年少者の教育訓練のため30日上限有給（保護法52条）

vii 女性労働者の保護

① 危険労働の禁止。（保護法38条、同法59条）
② 妊娠女性の深夜労働（22時〜6時）の禁止。（保護法40条）
③ 産前産後の臨時の休暇を要求する権利。（保護法42条）
④ 妊娠を理由として解雇できない。（保護法43条）

viii 年少者の保護

① 満15歳未満の年少者の雇用の禁止。（保護法44条）
② 満18歳未満の年少者の雇用がある場合の届出。（保護法45条）

③ 満18歳未満の年少者の深夜労働（22時〜6時）の禁止。（保護法47条）
④ 満18歳未満の年少者の危険労働の禁止。（保護法49条）
⑤ 満18歳未満の年少者に対する保証の要求及び受領の禁止。（保護法51条1項）
⑥ 満18歳未満の年少者の他人への賃金支払の禁止。（保護法51条2項）

ix 解雇補償金

使用者は解雇する労働者に解雇補償金を支払わなければならないとされています。（保護法118条）

雇用期間	支払賃金額（解雇補償金の額）
120日以上1年未満	最終賃金の30日分以上
1年以上3年未満	最終賃金の90日分以上
3年以上6年未満	最終賃金の180日分以上
6年以上10年未満	最終賃金の240日分以上
10年以上	最終賃金の300日分以上

解雇補償金を支払わなくてもよい場合（保護法119条）は以下の通り。
① 職務上の不正または使用者に対して故意に刑事犯罪を犯した場合
② 使用者に対し故意に損害を与えた場合
③ 過失により使用者に重大な損害を与えた場合
④ 就業規則、使用者の正当な命令に違反し、警告書を受けた（重大な違反の場合警告書は不要）場合
⑤ 正当な理由なく3日間連続して職務を放棄した場合
⑥ 最終判決により禁固刑以上刑を受けた（罰金刑では不可）場合

※臨時業務等で雇用期間が明確に定められており、その定めにより雇用が終了となる場合も不要です。

> cf. 試用期間について
> 　試用期間は、119日未満で定めている企業が多いです。解雇通告はひとつ前の給与日までということですので、約1ヵ月としますと、2ヵ月半くらい（31日×2.5＝77.5日）のタイミングでの解雇通知を行いますと解雇補償金を支払うことなく雇用契約を終了できるからです。

> cf. 特別解雇補償金について
> 　使用者が新機械を導入または技術を更新し、組織・製造工程・販売・役務の方法の変更のため、解雇を行う場合、行政・労働者への60日前通知が必要です。60日より短い通告期間の場合、解雇補償金に加えて、最終賃金の60日分または出来高賃金の60日分の特別補償金の支払が生じます。また、解雇補償金と特別解雇補償金は合算し360日分を上限とします。(保護法121条、122条)

x　解雇通告

給与日または給与日前に次の給与日の解雇を通告または次の給与の支払必要。(保護法17条2項)

xi　休業命令

① 就業規則・労使協定違反の聴聞……7日以内で休業手当50％以上の支払必要。(保護法116条)

② 聴聞後違反行為無と判明……差額の通常賃金+年利15％の利息の支払必要。(保護法117条)

xii　就業規則

① 10人以上の事業所は15日以内に公示し7日以内に行政に提出義務。(保護法108条2項)

② 行政官僚は法違反の就業規則を使用者に対して修正命令可能。(保護法108条3項)

③ 就業規則（タイ語）は次の項目を含み、労働者への周知義務。(保護法108条1項、4項)

> 労働日、通常労働時間および休憩時間、休日に関する規則、
> 時間外勤務及び休日勤務に関する規則、賃金、時間外勤務手当、
> 休日勤務手当および休日時間外勤務手当の支給日及び割増率、
> 休暇日及び休暇に関する規則規律および罰則、
> 苦情申立て、解雇、解雇補償金および特別解雇補償金

xiii　労働者福祉基金

① 労働者10人以上を有する事業の労働者が労働者福祉基金に参加。(保護法130条1項)

② 使用者は、給与支払時積立金を基金に納付。(保護法131条1項)

③ 納付が遅れた場合、月5％の追徴金が必要。(保護法131条3項)

④ 労働者の退職時、労働者福祉基金から積立金と利息が労働者へ支払履行。（保護法133条1項）

⑤ 納付責任があるが納付しない企業は、財産没収・差押・競売の適用。（保護法136条1項）

(2) 賃金関係法

　賃金関係に係る法律としては、最低賃金についての省令（最低賃金決定に関する内務省告示）があります。地域により最低賃金が異なり、タイの政労使で構成される賃金委員会が決定します。傾向としては、最低賃金の引上げのある場合、12月中旬の閣議で最終決定され、12月末にタイ労働省により地域別最低賃金の改正が公示され、翌月の1月1日より適用となっております。

　タイ政府は、2012年1月1日より一般企業の最低賃金を最高で300バーツを目途に大幅に引き上げる方針（最終、各県についても全国一律最低賃金日額300バーツ、大卒初任給は月給15,000バーツ）を打ち出しています。タイ国内の一部企業では政府の方針に従い、最低賃金・大卒初任給ともに引き上げする企業もあります。現在の最低額はパヤオで最低賃金日額159バーツ、最高額はプーケットで最低賃金日額221バーツですので、2011年から2012年にかけて大幅な賃上げとなる模様です。

　タイの最低賃金の大幅な値上げは、国内の中小企業にとって大きな負担になるため、経済界では政府に対して慎重な対応を求めていますが、政府の方針は変わらない模様です。以下が2011年1月1日の最低賃金となります。

【2011年最低賃金日額（日本の工場が多い県を抜粋）】

都市	プーケット	バンコク	ナコンパトム	サムットプラカン	パトゥムタニー	サムットプラカン	サムットサコン
最低賃金	221バーツ	215バーツ	215バーツ	215バーツ	215バーツ	215バーツ	215バーツ
都市	サラブリー	アユタヤー	ロップリー	チョンブリ	チャチュンサオ	ラヨーン	プラチンブリ
最低賃金	193バーツ	190バーツ	182バーツ	196バーツ	193バーツ	189バーツ	183バーツ

出所：タイ内務省、タイ労働省

(3) 労働安全関係法

タイの労働安全関係法は、「B.E.2535公衆衛生法」「B.E.2535工場法」「B.E.2535危険物質法」の主に3つの法律に集約されます。

i 公衆衛生法

1992年に公示された法律で、公衆衛生、公害に関する規制を定めています。タイ国民の健康被害を防ぐために、ゴミ・生活廃棄物・産業廃棄物を含む総合的な管理を地方自治体が行うことを定め、生活妨害を行った工場、企業に対して、行政官のゴミ等の排除命令が出されます。管轄は保健省です。

ii 工場法

1992年に公示された法律で、産業廃棄物の処分や汚染物質の工場での管理運営体制を定め、全ての工場に適用されます。違反工場については、①警告→②工場の差止→③改善通告→④機械封鎖→⑤総業停止→⑥工場閉鎖→⑦工場の認可取消の順に行政から重い命令が出ます。管轄は工業省です。

iii 危険物質法

1992年に公示された法律で、危険物質を4つの分類に分けそれぞれの分類における危険物質の管理方法について定めています。管轄は多岐に渡り、工業省、保健省、農業省です。

【危険物質法で定める危険分類】

危険分類	内容
レベル1	特定の手続きに従って、製造・輸入・輸出・保持が必要なもの。
レベル2	それぞれの危険物質の管轄となっている行政に事前通知が必要なもの。
レベル3	危険物質の取扱につき、管轄行政に免許の取得が必要なもの。
レベル4	危険物質の製造・輸入・輸出・保持が禁止されているもの。

iv その他の法律

・「B.E.2535タイ国水域航行法」……水路の交通・使用（工場の工場排水含む）についての規制。

・「B.E.2535タイ工場団地公社法」……工場団地での環境管理はタイ国工業団地公社が行使。

(4) 労使関係法

日本の労働関係調整法、労働組合法にあたる「B.E. 2518労働関係法」（以下、「関係法」と表記します）が1975年に公示され、前身の法律「1972年3月16日付革命団布告No.303　clause 4、clause 11」は廃止されました。国営企業等以外の一般企業に適用されます。管轄は内務省（労働局）です。

i　労使協約

① 労働者を20名以上有する事業所では文書にて労使協約を締結。（関係法10条1項、2項）

② 労使協約がない場合は就業規則を労使協約みなします。（関係法10条3項）

③ 労使協約の内容は以下を含みます。（関係法11条）

　{ 雇用または労働の条件、労働日および労働時間の規定、福利厚生、賃金、解雇、労働者の苦情申立、労使協約の改正または有効期限

④ 労使協約の期間は3年が上限。記載なき場合は1年みなしとします。（関係法12条）

⑤ 労使協約の変更は書面で行います。（関係法13条1項）

⑥ 労使交渉の際、使用者側は7名以下。（関係法13条2項）

⑦ 労使交渉の際、労働者側は7名以下かつ全労働者の15％以上の署名が必要。（関係法13条3項）

⑧ 全労働者の3分の2以上の労働組合・労働協約は全労働者に適用します。（関係法19条2項）

ii　労使紛争の解決手続

① 要求書を使用者が受け取った場合、3日以内に交渉を開始します。（関係法16条）

② 合意の場合、労働協約に署名し合意の日から3日以内に30日間公示します。（関係法18条）

③ 3日以内に交渉開始せずまたは合意がない場合24時間以内に行政へ通知が必要。（関係法21条）

④ 労働調整官は、通知を受けた日から5日以内に合意に至るように調停。（関係法22条1項）
⑤ 労働調査官の調停で合意ない場合、労使紛争へ発展したと解釈。（関係法22条3項）
使用者側：ロックアウト可能／労働者側：ストライキ可能
※ただし、大臣はロックアウトやストライキが国家への損害と認めた場合中止命令または代替要員の雇用命令または労働委員会への仲裁命令が可能。（関係法35条）

iii 労使協議会
① 労働者を50人以上使用する事業所では、労使委員会の設立が可能。（関係法45条）
② 開催は3ヵ月1回以上または労使協議会の過半数・労働組合の要求の場合による。（関係法50条1項）
③ 議題は、福利厚生・就業規則への意見・苦情申立・対立解決等。（関係法50条1項）
④ 使用者が労使協議会の委員へ便宜を図ることは禁止。（関係法53条）

コラム

タイはタイ語が主流

タイはタイ語が主流で英語はほとんど通じません。バンコク等の大都市や観光地などでは英語が通じることもあります。英語表記されている公共施設も少ないのでタイ語の簡単な案内本を持って行かれることをおすすめします。ビジネスの場においては、管理職等相応の立場の方であれば英語が通じますが、一般労働者との会話は基本タイ語となります。

(5) 女性、年少者および社会的弱者保護関連法

社会的弱者への保護法としては、「B.E.2550障害者生活向上法」（2007年、障害者リハビリテーション法を廃止して公示）と「B.E.2551障害者教育法」があります。障害者に対する行政は、主に労働省、公衆保健省、

教育省の3つの省庁が担当しています。

　前者の障害者生活向上法は、障害者手帳の取得、車椅子等福祉機器の一部無料化、リハビリテーション施設の利用、法定障害者率の制定（100人以上の企業に対して1名の雇用義務。違反の場合、未達成雇用数×管轄地域の最低賃金の1年分の2分の1を基金に納付）を定め、障害者が昇進・転職する権利、技術開発が受けられる権利などを定めています。

　後者の障害者教育法は、障害者に無料の教育を受ける権利を定めている法律です。また、タイでは、障害者のアクセシビリティを改善するため、建物に関する法律において、障害者への配慮がなされており、公的機関においてバリアフリーが義務となる取り組みも行われています。

(6)　**労働紛争解決関連法**

　労働紛争解決関連法としては、先述した労働関係法のほか、労働裁判所の手続きについて定めた1979年に公示の「B.E.2522労働裁判所設置・労働事件訴訟法」（以下、「労働訴訟法」という）があります。

　タイの司法裁判所は、第1審裁判所、控訴裁判所、最高裁判所の三審制をとっていますが、裁判の迅速性、効率性、適切性を理由として専門裁判所を設けています。労働裁判所はそのうちのひとつであり、専門裁判所は司法裁判所に所属する第1審裁判所と同じ位置づけです。異なる点は、専門裁判所の判決・命令に対する上訴は、控訴裁判所ではなく、最高裁判所に対して行われるという点です。

i　**労働裁判所設置・訴訟法**

① 原告の住民登録地域または原告の勤務地地域で訴えを提訴。
② 訴えは文書・口頭いずれも可。口頭の場合、労働裁判所が訴えを文書化。
③ 事前に労使間での和解の機会が与えられ、不調の場合に審理へと進行。
④ 裁判費用は無料。
⑤ 審理は、労働者の就労困苦状態、賃金、使用者の事業地位等も加味されます。

⑥ 上告可能期限は、判決日から15日で、最高裁判所に対して上訴します。（労働訴訟法27条～54条）

(7) その他雇用労働に関する法令

その他の雇用労働に関する法令としては、1985年に公示された「B.E.2528職業代理業者・求職者保護法」があり、労働省が職安を配置し、タイの労働者に無料で職業紹介をすることを定めています。当初は、許可制だった民間職業紹介業者は、2001年から免許制となり、「B.E.2544職業紹介・求職者保護法」において、職業紹介に必要な取得要件が定められています。

また、タイの外国人の就業規制の法律は、「B.E.2551外国人就労法」(2008年、「B.E.2521外国人就労法」を全面改正して公示）があります。大きな改正点は、外国人の規制だけを定めた旧法と異なり、外国人労働者の労働紛争を可能としたことや労働許可証がおりなかった場合の不服申立制度の創設など外国人労働者の就労に配慮があること、労働許可証の発行は2年を上限とすることなどがあります。

1979年に公示された「外国人就労を禁ずる仕事及び職業を定める勅令」において、外国人が就労できない業務を定めています。具体的には、単純労働、農業指導を除く農業林業水産業、手工業、タイの伝統工芸の製造、自動車等の運転業務、露天やマーケットでの販売、会計、法律サービスが該当します。

コラム

進出企業を支援する地元団体

タイの首都バンコクには、バンコク日本人商工会議所（JCC）があります。2011年4月1日のバンコク日本人商工会議所の発表では、1327社の日本企業が登録しています。バンコク日本人商工会議所はジェトロや日本の中小企業基盤整備機構等と連携して中小企業のタイ進出等の支援を行っています。

2 社会保障関連法

社会保障法では、疾病、出産、障害、死亡、児童扶養、老齢及び失業の7つの給付があり、介護にあたる給付は存在していません。被用者社会保険制度は「Social Security and Workmen's Compensation Scheme」で「ＳＳＳ」と略されます。

(1) 年金制度

タイの公的年金は、公務員に対する年金制度、民間被用者に対する年金制度、年金受給権がない高齢者に対しての福祉年金制度の大きく3つの分類に分かれます。

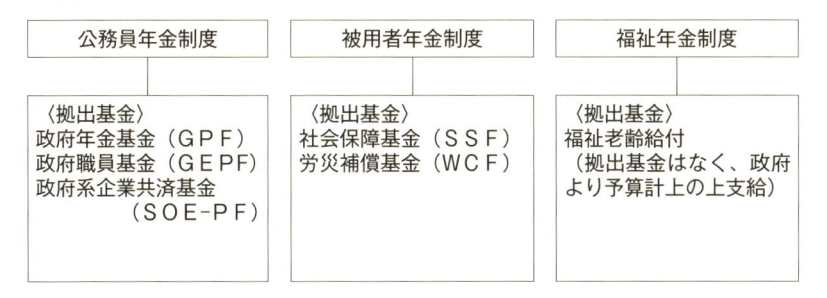

```
┌─────────────────┐  ┌─────────────────┐  ┌─────────────────┐
│  公務員年金制度  │  │  被用者年金制度  │  │  福祉年金制度    │
└────────┬────────┘  └────────┬────────┘  └────────┬────────┘
         │                    │                    │
┌────────┴────────┐  ┌────────┴────────┐  ┌────────┴────────┐
│〈拠出基金〉      │  │〈拠出基金〉      │  │〈拠出基金〉      │
│政府年金基金(GPF) │  │社会保障基金(SSF) │  │福祉老齢給付      │
│政府職員基金(GEPF)│  │労災補償基金(WCF) │  │(拠出基金はなく、 │
│政府系企業共済基金│  │                  │  │政府より予算計上の│
│    (SOE-PF)     │  │                  │  │上支給)          │
└─────────────────┘  └─────────────────┘  └─────────────────┘
```

タイの被用者の年金制度は、1990年に公示された「B.E.2533社会保障法」の枠の中で運用されています。民間被用者を加入対象としており、扶養家族は加入できません。

【被用者社会保障制度（ＳＳＳ）の年金制度】

	保険料納付要件	給付内容
老齢年金	180月以上の保険料納付	a　55歳以上の無職の者について支給 b　退職前60ヵ月間の平均給与×20%（180月分） c　加算額（180月を超える加入期間者について）退職前60ヵ月間の平均給与×180月を超える年数分1年×1.5%
障害年金	障害前15ヵ月間に3ヵ月納付	障害前9ヵ月間のうちの3ヵ月の被保険者の最高平均日額50%を本人の死亡まで ※年金額は生活状況の変化によって変更
遺族年金	年金受給権のある者が受給権発生から60ヵ月以内に死亡した場合	扶養されている配偶者、子、父・母に対して一時金として支給

(2) 医療保険制度

タイの医療保険制度の全体的な概要は、国民健康保険制度にあたる「国

民医療保険制度」、民間企業保険制度である「被用者社会保障制度（ＳＳＳ）」、公務員を対象とした「公務員医療保険制度（ＣＳＭＢＳ）」で医療保険制度をカバーする形となっています。

国民医療保険制度は、他の医療保険に加入していない人が加入できる制度で、毎月の保険料の支払いがなく、病院を指定し、指定病院において無料で一般的な治療行為についての医療が受けられます。

民間企業の医療保険制度である被用者社会保障制度（ＳＳＳ）は、労働者１人以上の企業に適用され、医療を受けた日前15ヵ月間に３ヵ月以上の保険料納付がある者に対して受給権が発生します。国立病院の医療費はすべて無料です。労働許可証の発行を受けている外国人も加入対象者となります。被用者のみを加入対象としており、扶養家族は加入できない点が問題とされています。保険料は収入が15,000バーツ以下の場合は給料の10％、15,000バーツの場合は一律1,500バーツで、そのうち個人負担50％、会社負担50％です。政府が賃金の2.75％を拠出します。

【医療以外の被用者社会保障制度（ＳＳＳ）の医療保険制度】

	保険料納付要件	給付内容
出産給付金	出産前15ヵ月間に９ヵ月以上	3,000バーツ
傷病給付	医療を受けた日前15ヵ月間に３ヵ月以上	９ヵ月間のうちの３ヵ月間の被保険者の最高平均日額の50％の90日×休業日数（１年最大180日）
死亡葬儀補助金	死亡日前６ヵ月間に１ヵ月以上または障害年金受給者	40,000バーツ
死亡死亡保険金	a 死亡日前36ヵ月以上10年未満 b 死亡日前10年以上	a 死亡日前９ヵ月間のうちの３ヵ月間の被保険者の最高平均日額の50％の３月分 b 死亡日前９ヵ月間のうちの３ヵ月間の被保険者の最高平均日額の50％の10月分
児童手当	36ヵ月間に12ヵ月以上	満６歳未満の幼児１人月額350バーツ（２人上限）

(3) 失業保険制度

タイの失業保険制度は、2003年に公示され、2004年より「被用者社会保障制度（ＳＳＳ）」の中に組み入れられる形でスタートしました。対象事業所は、労働者１人以上の使用者を使用する事業所で、直近15ヵ月

間に、保険料の納付が15ヵ月中少なくとも６ヵ月を超える場合に、失業給付の対象となります。失業保険の申請者は、労働省管轄の職安に少なくとも月１回は求職の申し込みを行い、職安に報告することで失業給付を受けることができます。保険料の負担は、労働者が賃金の0.5％、使用者が賃金の0.5％、国が賃金の0.25％を拠出する形で運用されています。

失業の原因が職務怠慢、故意に使用者に損害をもたらした者、７日以上の職務放棄による失業者等には支給されません。失業給付は、失業した日から起算して８日目からとなります。

	自主退職の場合	非自発的失業（解雇）の場合
申請期間	退職日から３ヵ月以内に申請	退職日から６ヵ月以内に申請
支給額	90日を超えない期間で給与の30％を支給	180日を超えない範囲で給与の50％を支給

(4) 労働者災害補償保険制度

日本の労働者災害補償保険法にあたる「B.E.2537労働災害補償法」（以下、「労災法」と表記する）が1994年に公示されました。国営企業、私立学校の教師・校長、経済利益の事業以外の一般企業に適用されます。当初、労働者10人以上の事業所を対象としていましたが、2002年４月から労働者１名以上の全事業所が強制加入となりました。

【労働災害の推移】

	2003年	2004年	2005年	2006年	2007年
労働災害件数	210,673	215,534	214,235	204,257	198,652
死亡	787	861	1,444	808	741
障害	17	23	19	21	16
身体一部喪失	3,821	3,775	3,425	3,413	3,259
３日を超える休業	52,364	52,893	53,641	51,901	50,525
３日以内の休業	153,684	157,982	155,706	148,114	144,111

出所：タイ労働省

i 業務中の負傷・疾病についての給付

① 使用者は、労働者の業務中負傷・疾病に医療費の支払義務があります。（労災法13条１項、２項）

② 使用者は、業務中災害を知った日から15日以内に社会保険事務局

に通知します。（労災法48条）

③ 使用者は、業務中災害日から180日以内に社会保険事務局に補償金を請求します。（労災法49条）

ii 月額補償金

業務中の労働者の負傷・疾病についての補償制度。（労災法18条）

労働者の負傷・疾病の内容	月額補償金の額
3日を超えて継続して労働ができない場合	労働省基準の月額賃金の100分の60（1年上限）
身体の一部の器官を喪失した場合	労働省基準の月額賃金の100分の60（10年上限）
障害者になった場合	労働省基準の月額賃金の100分の60（15年上限）
死亡または失踪した場合	労働省基準の月額賃金の100分の60（8年上限）
補償金を支払う必要がない場合（労災法22条） a 労働者の泥酔または意識を失う薬物中毒 による業務中災害 b 労働者の故意または他人により負傷させ、または負傷させることを容認した業務中災害	

cf. 月額補償金は全額直接労働者に支払い、いかなる控除も禁止されています。（労災法23条）

iii 葬儀費

業務上負傷・疾病による死亡または失踪につき1日の最低賃金の最高額の100倍。（労災法16条）

iv 労災補償基金への保険料の支払

① 使用者が保険料負担し、危険度により労働者の年間賃金額の0.2％～1％。（労災法44条1項）

② 労働者1名以上雇用した時から30日以内に登録及び納付します。（労災法44条2項）

v 不服申し立て

文書で労災補償基金委員会に、命令・判定・査定受理日30日以内に申立を行います。（労災法52条）

3　労働者福祉関連法

日本の生活保護にあたる制度はないですが以下の労働が困難な方への福祉給付があります。

【低所得者、障害者及び高齢者に対しての給付】

	対象者	給付の内容
低所得者	生計維持者の疾病・死亡等により所得の低い世帯	1回あたり2,000バーツ年間3回を限度とする家族福祉助成金
障害者	障害者	障害者手帳の配布、公的医療機関での基本医療の無料化、月々500バーツの障害者手当
高齢者	60歳以上、かつ、貧困かつ働くことができない者で被用者年金の受給者でない者	月額500バーツの福祉老齢給付

4　職業能力開発関連法令

1999年に公示された「B.E.2542年国家教育法」の中で、2002年3月より初等教育6年、中等教育3年の合計9年を義務教育としています。英・数・国・理・社・技術・体育・芸術・道徳のほか、宗教、職業という授業もあります。第1外国語は英語、第2外国語は、フランス語に次いで日本語が人気です。

採用のミスマッチを防ぎ、若者の早期離職を防止・改善するためには、タイにおいても、産官民の連携強化がカギとなっています。2002年に公示された「B.E.2545年技術開発促進法」は、労働者に教育訓練を行い、技術力を向上されるほか、学校と民間との間でのインターンシップの取り組みを促進することを目的とし、失業者だけでなく若者の労働環境の改善にもつながる役割を担っています。

5　労働事情

外国人の就労に関しては厳しい制限があり、日本人もまたその例外ではありません。具体的には、外国人がタイで働くためには、就労ビザ（初回90日間）を取得した後、1ヵ月以内に労働許可証（ワークパーミット）を取得しなければなりません。また、労働許可証の審査は管轄の労働局

にて行いますが、申請の際、「タイ人にできない仕事であること」を説明します。例外的として、投資委員会の奨励措置を受ける企業は、投資委員会の許可を受け、専門職、技術職の仕事の労働許可証を取得も可能です。

最低賃金の大幅引上げが2012年より一般企業にも適用されますが、最低賃金の引き上げが労働者の賃金の上昇を後押しし、労働賃金の上昇の問題が継続的な課題になるでしょう。また、タイでは、日本と同様少子高齢化の傾向があり、現在においても、技術・管理職の人材不足が課題とされています。

コラム

国内での移動手段

タイでの移動はタイ国鉄運営の鉄道、メータータクシー（初乗35バーツ程度）が主流ですが、バス（赤バス：7バーツ〜8バーツ、白バス、ピンクバス8バーツ）での移動も便利です。エアコンの効いたバス、メトロバス、黄バスは料金が少し高めで、11バーツ〜40バーツ程度です。バスの経路は、バンコクの場合、現地で日本語の路線図もありますが下調べしてから行くほうがよいでしょう。また、バンコク市内で2路線ある高架モノレール（ロッファイファー）やバンコク市内1路線の地下鉄（ロッファイ　ターィディン）なども移動手段として大変有効です。

上記以外の乗り物として三輪タクシー（トゥクトゥク）やオートバイタクシー（モーターサイ）などがあります。トゥクトゥク、モーターサイは交渉制で料金が均一という訳ではないので乗車前に交渉が必要です。また、観光では水上バス（ルーァカーム　ファーツク）が人気で、チャオプラヤ川からバンコク市街地の交通手段となっています。

6　労働・社会保障法令の改正動向

労働・社会保障法令の改正は目覚ましく、障害をもつ人びとの機会均等化のための法制化の世界的な流れから、2011年11月26日より障害生

活向上法が改正され、障害者雇用義務が現在の200人に1名から100人に1人となり、障害者を雇用しない企業の最低賃金の半額の拠出金負担が倍増しました。

　2008年に改正された労働者保護法では、労働契約書において、雇用契約書の中に始業時間及び就業時間の定めが必要となりました。雇用契約書の中で就業時間を記載することによる影響としては、時間外労働賃金の未払いの問題が徐々に表面化し、社会問題となることも考えられるでしょう。現在、タイの労働紛争は、不当解雇・解雇補償金の未払・賃上げ交渉が主流ですが、今後は、時間外労働賃金の未払いの問題の増加も考えられます。

　また、昨今の世界的な非正規労働者に対する規制強化の流れを鑑みれば、有期契約労働者の正社員化の流れも否定できませんが、現在のところ、タイでは、有期契約に関しては雇用契約で定めた期間までの雇用義務はありますが、正社員雇用への移行は義務づけられておりません。障害者雇用についての改正が行われた今、有期労働者・パートタイマー等の正社員化の流れの指針等の動向に目が離せません。

【参考資料】
タイ労働省（タイ語）、〈http://www.mol.go.th/〉
タイ保健省（英語）、〈http://eng.moph.go.th/〉
『タイの医療福祉制度改革』、河森正人、お茶の水書房、2009、pp27-188
『年金と経済』vol.28 No.4（112）、山端　浩、年金総合研究センター、2010
『thailand-business-news（タイビジネス新聞）』2011.7.6

フィリピン共和国
Republic of the Philippines

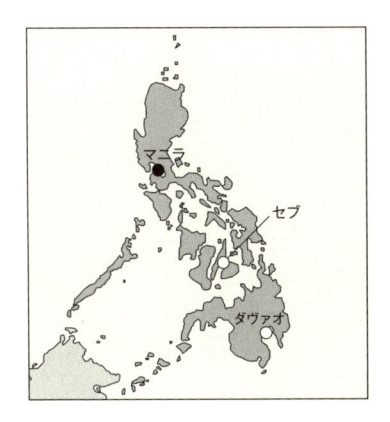

執筆者：小堀　景一郎

I——フィリピンの概況

　台湾の南約300キロに位置するフィリピンは、インドネシアに次ぐ世界第2の7,109の島からなる群島国家であり、その国土は海に囲まれています。日本の主要空港から約4時間のフライトで行き来ができ、沖縄の与那国島からの距離はわずか480キロしかなく、日本に一番近いアセアン諸国となっています。国名はスペイン皇太子フェリッペ2世が1542年にフィリピナス諸島と名付けたことに由来し、フィリピンの英語名Philippinesと複数形で表されるのは、フィリピンが7107もの島で構成される群島国家ゆえといわれています。1521年にマゼラン一行が上陸してから約350年におよぶスペイン、アメリカの統治の影響が残っています。フィリピン人はマレー系の人種ですが、スペインや中国などの混血が多く、西洋、東洋、東南アジアの風習、民族が混じり合い独特の文化を形成しています。国民の83％をキリスト教のカトリックが占めるのもアセアン諸国の中でも特徴のひとつです。

　米国、英国に次いで英語を話せる人が多く、フィリピンの国語であるフィリピン語と英語が公用語となっています。英語に強いことから人口の1割に相当する約860万人（2009年末）もの海外労働者（OFW）が貴重な外貨を稼ぎ、本国へ送金しています。海外からの送金額は、国民所得の大きな割合を占めておりフィリピンの経済を支えています。また、コールセンターなどの業務アウトソーシング（BPO）産業が、インドに次いで重要な地位を占めています。

　日比経済連携協定（JPEPA）が2008年12月に発効し、フィリピン人看護師・介護士の受け入れを始めていますが、少子高齢社会の日本は特に介護の分野での人材不足が深刻で、フィリピン人の看護師や介護士の活躍に期待されています。言葉の問題がありますが、老人を大切に扱うフィリピンの国民性と親しみやすい人柄から、フィリピン看護師や介護士は高齢化が進む日本の救世主となると考えられています。

筆者は1965年のマルコス大統領時代に、フィリピンの庶民の乗り物トライシクル用2輪車の現地生産のため投資委員会（BOI）の許可取得を目的に、度々フィリピンを訪問しました。当時の許可条件に現地化率（ローカルコンテンツ）25％以上をクリアする必要があります。ところが日本からの部品の塗装、溶接、組み立てだけではこの現地化率を達成できず、アクセサリー類などの部品の現地調達先を捜すためマニラ首都圏だけでなく、中部・南部の主要都市などフィリピン全国を回ることとなりました。幸い価格、納期、品質の検査を得て、現地化率を達成でき投資委員会の許可を取得することができました。現地工場の開所式には、マルコス大統領夫人イメルダさんの出席を頂き盛大に行うことができ、筆者の役割を終えることができました。

　日本の企業の進出先として大きな魅力は、フィリピン国民の英語運用能力が高いことと若年人口が豊富なことです。例えば、年齢階層別人口をタイと比較すると、フィリピンの方が、若年層人口が圧倒的に多いことがわかります。フィリピンは、労働力として、あるいは消費者として、10～20年後に経済活動の中核を担う人的資源を大量に保有していることです。

■フィリピンの基礎データ

国名	フィリピン共和国 Republic of the Philippines
国土面積	299.4平方キロメートル（日本の約8割）
人口	9,401万人（2010年国勢調査推定値）
首都	マニラ（首都圏人口1,155万人）
民族	マレー系が95％、中国系1.5％、スペイン系その他少数民族3.5％
言語	国語はフィリピン語、公用語はフィリピン語と英語。80前後の言語がある。
宗教	カトリック83％、キリスト教10％、イスラム教5％、その他2％
政体	立憲共和制
議会	上・下二院制 上院：24議席（任期6年、連続三選禁止） 下院：286議席（任期3年、連続四選禁止）
内閣	正副大統領は直投票により選出 大統領：任期6年、再選禁止 副大統領：任期6年
主要産業	農林水産業（全就業人口の34％が従事）
GDP	1,887億米ドル（2010年）
1人当たりGDP	2,007米ドル（2010年）
経済成長率	7.6％（2010年）
物価上昇率	3.8％（2010年）
失業率	7.3％（2010年）
総貿易額 （2010年）	輸出：514.3億米ドル 輸入：547.0億米ドル
貿易品目	輸出：電子・電気機器60.5％、輸送用機器等

	輸入：原料・中間財37.4％、資本財30.1％、燃料17.4％、消費財13.5％
貿易相手国 （201年）	輸出：日本15.2％、米国14.7％、シンガポール14.3％、中国11.1％、香港8.4％
	輸入：日本12.3％、米国10.7％、シンガポール9.5％、中国8.4％、タイ7.1％
日本の援助実績 （2009年度までの累計）	有償資金協力　21,713.57億円 無償資金協力　2,539.88億円 技術協力実績　1,935.03億円
日本の対比貿易 （2010年）	貿易品目 フィリピンへの輸出　機械機器61.5％、金属品11.8％、化学品10.1％ フィリピンからの輸入　機械機器47.6％、食料品・動植物生産品　15.0％、金属原料　11.1％
貿易額 （2010年）	フィリピンへの輸出　9,688億円 フィリピンからの輸入　6,948億円
在留邦人数	18,202人（2010年10月現在）
在日フィリピン人数	210,181人　（平成23年度法務省データ）

出所：外務省ホームページ、その他の資料に基づき筆者が作成

Ⅱ──労働法・社会保障法の概要

1　労働関係法
(1)　労働基準関係法

フィリピン労働法 (Labor Law of 1974) は、使用者および労働者の権利と義務、人的資源開発計画、雇用条件、健康安全、社会福祉、労使関係のおよび雇用後の規則などを規定しています。正当な理由がある場合を除き、労働者の解雇の禁止など労働者に有利な内容となっています。他に育児休暇手当、父親育児休暇法 (Paternity Leave Act of 1996)、一人親福祉法 (Solo Parent Welfare Act of 2000)、女性とその子供に対する暴力法 (Anti-Violence Against Women and their Children of 2004)、虐待、摂取または差別に関する児童特別保護法 (Special Protection of Children Against Child Abuse, Exploitation and Discrimination of 2003)、開発と国家形成における女性法 (Women in Development and Nation Building Act of 1992)、障害者大憲章 (Magna Carta for Disabled Persons of 1992) などの多くの関連法があります。

ⅰ　労働契約

フィリピン憲法は、労働契約により労働者の権利を保護しています。フィリピン労働法は、労働契約（雇用契約）の雇用条件を保護しています。労働契約又は雇用契約には、雇用日、報酬及び給付手当、役割と責任を明示する必要があります。雇用日は、試用期間に影響するため必ず明示しておく必要があります。試用期間は、6ヵ月以上の養成訓練など長期契約の場合を除き、雇用日から6ヵ月を超えてはならないとされています。試用期間中の契約解約は、労働者に正当な理由があれば可能です。また、使用者は労働契約で明示した合理的基準に照らし正社員として不適任と評価されれば契約解約できます。試用期間終了後も引き続き就労する労働者は正規労働者とみなされます。

ii 労働契約の終了

　フィリピン憲法で、非自発的労役を禁止しており、労働者は退職の権利を与えられています。労働法では、次の２種類の退職を規定しています。

　① 正当な理由なく退職する場合

　　労働者は30日以上前に使用者に書面による通知が必要です。

　② 正当な理由により退職する場合

　　正当な理由の退職理由として労働法は以下を例示しています。

　　・労働者の名誉、人格に対する重大な侮辱

　　・非人道的で耐えがたい処遇

　　・労働者本人又はその家族の肉親に対する犯罪行為

　　・その他上記各号に該当する事由

　定年退職は、労働者の自主的退職と強制退職のいずれかとなります。

iii 解雇規制

　使用者と労働者は対等で、双方いずれかから労働契約を解約できますが、使用者が労働者を解雇する場合は次の通りです。なお、有期契約労働者は契約満了をもって解雇できます。

　① 普通解雇

　　疾病の理由により解雇する場合、６ヵ月以内に回復が不可能との医療機関の証明書により解雇できます。

　② 懲戒解雇

　　労働者の重大な不正行為、意図的な命令違反、常習的な職務怠慢、詐欺的および意図的背任、犯罪行為などの場合、解雇できます。

　③ 整理解雇

　　企業の閉鎖および人員整理のための解雇の場合、30日前に書面による労働者および労働雇用省への通告が必要です。

iv 退職に伴う退職金

　① 省力化や余剰人員の解雇の場合

　　勤続年数１年当たり１ヵ月分相当の給与を支払う必要があります。

② 企業の損失、閉鎖、休止を防ぐための解雇

勤続年数1年当たり2分の1ヵ月分相当の給与を支払う必要があります。

ただし、深刻な営業損失による企業閉鎖の場合、退職金支払の義務はありません。

ⅴ 労働時間

1日8時間以内と定められています。ただし、年少者の労働時間は以下となっています。

① 15歳以下

1日当たり4時間、週20時間以内。深夜労働不可です。

② 15歳から18歳

1日当たり8時間、週40時間以内。深夜労働不可です。

休憩時間は、60分以上を与える必要があります。

ⅵ 休日、年次有給休暇、休暇

週休は、原則として連続6日の通常勤務ごとに24時間連続で与えなければなりません。

年次有給休暇は、1年以上勤務者には、1年に5日の有給休暇を与えなければなりません。

ただし、従業員10人以下の企業などは除外されています。未使用の有給休暇は、年次末に金銭に交換できます。その他の休暇として以下があります。

① 育児休暇

最初の4回の出産に対して、社会保障制度（SSS）に加入し、出産時に雇用されていることを条件に、通常分娩、流産の場合60日、帝王切開の場合78日の有給休暇が与えられます。

② 父親育児休暇

既婚男性は、最初の4回の出産に対して、7日間の有給休暇が取得できます。ただし、不正受給の場合は、2万5千ペソ以下の罰金、または30日以上6ヵ月以下の禁固が科せられます。

③ 一人親方の育児休暇

一定の条件を満たした場合、7日間の有給休暇が与えらます。

④ その他

女性とその子供に対する暴力による被害者に対し、10日以下の有給休暇を支給されます。

vii 超過勤務・休日勤務に対する割増賃金

① 時間外労働手当

通常の日の時間外手当：8時間を超えた時間数×125%

休業日、特別休日、祝祭日の時間外手当：8時間を超えた時間数×130%

② 深夜労働手当

午後10時から翌朝6時までの深夜労働に対し、1時間当たり通常の賃金の10％以上を支払う必要があります。

③ 休日、祝日の労働手当

休日労働に対して、通常賃金の最低30％の追加手当を支給しなければなりません。

休日労働：通常賃金の130％以上

特別休日と週休が重なる場合：通常賃金の150％以上

労働協約や雇用契約でこれ以上の割増の支払いがある場合は、それに従います。

④ 一般祝祭日の賃金

通常の労働日

労働しない場合：通常賃金×100％

労働した場合：最初の8時間は通常賃金×200％

　　　　　　　8時間を超えた場合は通常賃金×200％×130％

週休日と一般祝祭日が重なる場合

労働しない場合：通常の賃金100％

労働した場合：最初の8時間通常賃金×130％

　　　　　　　8時間を超えた場合は通常賃金の200％×130％

労働しない場合：原則無給
労働した場合：最初の8時間は通常賃金×130％、
　　　　　　　8時間を超えた場合は通常賃金×130％×130％
週休日と特別休日が重なった場合：
最初の8時間は通常賃金×150％
8時間を超えた場合は通常賃金×150％×130％

viii　13ヵ月目の給与

　基本給の1ヵ月分の給与を通常のボーナスとは別に12月24日クリスマスイブ前に支給しなければなりません。この場合、最高3万ペソまでの給与所得が免除されます。支給しない場合は法律により処罰されるだけでなく労働者の不満となります。

【2011年　祝祭日】

1月1日（土）	新年　New Year's Day
2月25日（金）	エドゥサ革命記念日　EDSA Revolution Day
4月9日（土）	武勇の日　Day of Valor (Bataan Day)
4月21日（木）	聖木曜日　Maundy Thursday
4月22日（金）	聖金曜日（グッド・フライデー）　Good Friday
5月1日（日）	レイバーデー　Labour Day
6月12日（日）	独立記念日　Independence Day
8月29日（月）	国民英雄の日　National Heroes' Day
8月31日（水）	断食明け大祭　Eid-ul- Fitr
11月30日（水）	ボニファショ誕生記念日　Bonifacio Day
12月25日（日）	クリスマス　Christmas
12月30日（金）	リサール記念日　Rizal Day

出所：アセアンセンター、その他の資料に基づき作成

【2011年　特別祝祭日】

8月21日（日）	ニノイ・アキノ記念日　Ninoy Aquino Day
11月1日（火）	万聖節 All Saints' Day
12月31日（土）	大晦日　New Year Eve

出所：フィリピン共和国法第9492号

(2)　賃金関係法

　賃金合理化法（Wage Rationalization Act）で、産業別・規模別の国

内16地域に分けて法定最低賃金を定めています。ただし、従業員10人以下の小売、サービス業などは除外されています。

(3) 労働安全衛生関係法

フィリピン労働法により労働雇用省（DOLE）へ付与された権限に基づき、労働安全衛生基準（Occupational Safety and Health Standards）でガイドラインおよび遵守事項を定めています。

(4) 労使関係法

フィリピン憲法と労働法は世界基準に合わせ、労働者の重要な権利である団結権と、団体交渉権を基本権利として認めています。労働組合は労働雇用省（DOLE）に登録されて合法的な労働組織となります。

(5) 女性、年少者および社会的弱者保護関連法

以下の関連法が制定されています。

i 虐待、搾取および差別に関する児童特別保護法（Special Protection of Children Against Child Abuse, Exploitation and Discrimination of 2003）

芸能活動、知識が不可欠の場合などを除き、原則15歳未満の年少者の雇用、労働を禁じています。15歳未満の年少者を雇用する場合は、使用者は雇用前に労働雇用省（DOLE）に届け出書類を提出しなければなりません。また18歳未満の年少者については、危険を伴い、健康、安全、道徳に害を及ぼす恐れのある業務などを禁止しています。この規定に違反し、年少者が死亡、精神異常、深刻な身体上の障害を被った場合は、企業は直ちに永久閉鎖される罰則が課せられます。

ii 開発と国家芸氏における女性法（Women in Development and National Building Act of 1992）

女性労働者に対する採用、雇用継続、教育訓練、解雇、免職、差別を禁じ、女性と男性の法の下での基本的な平等を保障しています。

iii 障害者大憲章（Magna Carta for Disabled Persons of 1992）

障害者の雇用機会均等の扱い、差別行為の禁止、その他の権利を定めています。障害者を雇用する使用者には税制優遇措置が設けられています。

(6) 労働紛争解決関連法

　労使間交渉で合意に至らず労働争議になる場合は、中央調停斡旋委員会（National Conciliation and Mediation Board：NCMB）に申し出ることができます。解決に至らない場合は、NCBNは労使双方に任意の仲裁人に付託を勧めます。調停や仲裁が失敗した場合は、使用者のロックアウトあるいは労働組合のストライキなどの相手方の合意を求めて強制的な方法を取ることができます。この場合それぞれNCMBに届けなければなりません。

2　社会保障関連法

　民間企業の労働者を対象とする社会保障法（Social Security Act of 1997）、国民健康保険法（National Health Insurance Act of 1995）、住宅開発共済基金法（Home Development Mutual Law of 2009）など、給付水準の大小は別にして社会保障関連法の内容の整備と適用拡大が行われてきました。

ⅰ　社会保障法

　法に基づく社会保障制度（Social Security System：SSS）で運営・管理を行っています。

　被保険者は、月額1,000ペソ以上の収入のある60歳以下の労働者および自営業者に強制適用されています。海外労働者、被保険者の配偶者は任意加入となっています。退職年金、障害年金、遺族年金、傷病手当金、出産休暇手当、労災給付のほか被保険者への生活資金、教育、住宅、自然災害、事業の資金貸し付けも行っています。

　保険料は、月収の3.33％を使用者、月収の7.07％を労働者が負担し、自営業者は合計10.4％負担します。

　① 退職年金

　保険料を120月以上納付した60歳以上の退職者に支給されます。120月納付要件を満たさない退職者には、納付した保険料の元利合計（年率6％）が一時金として支給されます。

年金給付月額は、以下の3通りの算定式のうち最も高い額と定められています。
- (a) 300ペソ+0.2×A＋0.02×A×加入期間が10年を上回る年数
- (b) 0.4×A
- (c) 加入期間が10年以上20年未満の場合：1,200ペソ
  加入期間が20年以上の場合：2,400ペソ

（注）Aは、平均標準報酬月額（退職前60月の単純平均または全加入期間の単純平均のいずれか高い方）

毎年12月にはボーナスとして1ヵ月の年金が加算されます。また、21歳未満（障害者は年齢制限なし）の未婚で未就労の子供を扶養している場合、5人までを限度として子供1人当たり、年金額10％または月額250ペソのいずれか高い方が加算されます。

② 障害年金

保険料納付期間が36ヵ月以上の被保険者が障害者に認定された場合に、障害の程度に応じて障害年金が支給されます。

年金月額の算定式は、退職年金と同じで、付加手当として月額500ペソが加算されます。保険料納付期間が12月の場合は一時金が支給されます。毎年12月にはボーナスとして1ヵ月の年金が加算されます。また、21歳未満（障害者は年齢制限なし）の未婚で未就労の子供を扶養している場合、5人までを限度として子供1人当たり、年金額10％または月額250ペソのいずれか高い方が加算されます。

③ 遺族年金

退職年金受給者が死亡した場合には、遺族年金としてその全額が配偶者に支給されます。

毎年12月にはボーナスとして1ヵ月の年金が加算されます。また、21歳未満（障害者は年齢制限なし）の未婚で未就労の子供を扶養している場合、5人までを限度として子供1人当たり、年金額10％または月額250ペソのいずれか高い方が加算されます。

④　葬祭料

12,000ペソが支給されます。

⑤　傷病手当

保険料納付期間が3ヵ月以上の加入者に対して、平均給与日額相当額が1暦年につき120日間（最大240日）支給されます。

⑥　出産休暇手当

3ヵ月以上の保険料納付した女性加入者に、平均給与日額の100％相当の産前60日分、産後78日分の手当を支給します。

ii　国民健康保険法（National Health Insurance Act of 1995）

法に基づきフィリピン健康保険公社（Philippine Health Insurance Corporation：PhilHealth）が設立され、運用・管理を行っています。入院治療（室料、食費、薬剤費、検査費、診療など）および外来治療（薬剤費、検査費、診療費、予防サービス、救急・移送サービスなど）の医療サービスなど現物給付が加入者（労働者および自営業者）とその扶養家族および無償対象者（退職者、保険料支払い満了者）に対して行われます。貧困の指定を受けた者は、1年間医療費が無料となる「貧困プログラム」があります。

保険料は5,000ペソ未満から25,000ペソ以上まで22段階に分けられた標準報酬月額の2.5％を労使折半負担となっています。

iii　住宅開発共済法（Home Development Mutual Law of 2009）

法に基づき基金（Home Development Mutual Fund：HDMF）を設け、民間労働者、公務員および自営業者に住宅取得資金の貸し付けを行っています。

(3)　失業保険制度

フィリピン労働法には、失業保険に関する規定はありません。労働雇用省が失業者支援策を実施しています。政府は包括的生計緊急雇用プログラム（Comprehensive Livelihood and Emergency Employment Project：CLEEP）による失業者の雇用確保を図っています。

⑷ 労働者災害補償保険制度

　労働雇用省の一部門である労災補償委員会（Employees' Compensation Commission：ECC）が労災事故に対する労災補償プログラム（Employees' Compensation Program：EC）の履行者として、疾病、負傷、身体障害、死亡などの労災事故に対して、労働者およびその扶養家族に下記の給付金を支給しています。

　　・疾病、負傷に対する医療給付金
　　・障害者給付金
　　・リハビリ給付金
　　・死亡、葬儀給付金
　　・年金手当

3　労働者福祉関連法

　社会福祉開発省が以下の施策を行っています。

i　高齢者法（Senior Citizen Act of 2004）

　60歳以上の高齢者に対して、公共交通機関、宿泊施設、医薬品などの2割引き、税控除、無料医療サービスなどの特権を与えています。

ii　障害者大憲章（Magna Carta for Disabled Persons of 1992）

　職業リハビリ法などと共に障害者の権利、支援を定めて法整備に基づき、身体・知的・精神障害者のための医学的リハビリ、職業訓練などが行われています。

4　職業能力開発関連法令

⑴　デュアル訓練制度法（Dual Training System Act1994：DTS）

　適切な技能と望ましい習性および態度を身につけた技能者を増やすことができるように、職業教育訓練を強化する国の方針が制定されました。教育機関研修センターと会社の2ヵ所で交互に教育訓練を実施します。DTSに協力する会社は、デュアル訓練制度教育施設に支払う訓練費用の50％相当額の特別控除を受けることができます。さらにDTSに寄付

すれば、課税所得から控除も可能です。

(2) **技術教育技能開発法（Technical Education Skills Development Act of 1994）**

　法の実施のために、技術教育技能開発庁（Technical Education and Skills Development Authority：TESDA）を設け、中級レベルの職業能力を有する人材の開発、効率よい配置、活用を促進し、国際水準の需要に対応できる技能労働者、技術者、技術企業家を育成することで、国民の生活の質の向上を目指して設立されました。また、TESDA女性センターは情勢を対象としたアジア太平洋地域で国際的に認定された中核拠点として、貧困など経済的に不利な女性の状況を変える各種の教育訓練を無償で支援しています。

5　労働事情

　法律上の義務はありませんが、正規従業員に対し以下の恩典を提供する企業の慣行があります。

・住宅の提供
・交際費の支給
・社用車の提供
・有給休暇の付与
・従業員とその扶養家族に対する教育援助制度

【参考資料】
日本アセアンセンター〈http://www.asean.or.jp/ja/〉
JICAフィリピン事務所〈http://www.jica.go.jp/philippine/office/about/greeting.〉
国際労働機関（ILO）労働法・社会保障法データベース〈http://www.ilo.org/dyn/natlex/country_profiles.home?p_lang=en〉
海外職業訓練協会（OVTA）各国・地域情報〈http://www.ovta.or.jp/info/〉
在日フィリピン大使館〈http://tokyo.philembassy.net/〉
Social Security Programs Throughout the World: Asia and the Pacific, 2010
　〈http://www.socialsecurity.gov/policy/docs/progdesc/ssptw/2010-2011/asia/index.html〉
『年金と経済』Vol.28 No 4

マレーシア
Malaysia

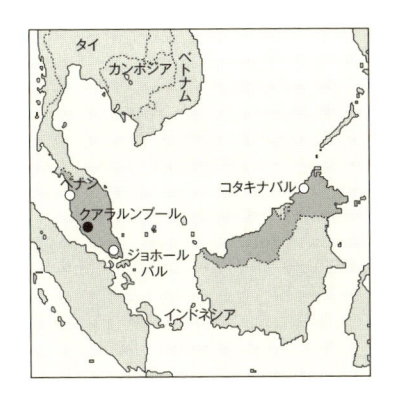

執筆者：太田　育宏

I——マレーシアの概況

　マレーシアは、マレー半島南部の11州とボルネオ島北部の2州（サバ州、サラワク州）で構成されており、北はタイ、ベトナム、フィリピン、南はインドネシア、シンガポールが控えており、国土の約60％は熱帯雨林が占めています。

　人口構成は、マレー系が全人口の約66％、中国系が約26％、インド系が約8％であり、マレー文化、中国文化、ヒンドゥー文化等が共存している多民族国家です。マレー系の中には、サラワク州のイバン族、サバ州のカダザン族、西マレーシアのオラン・アスリなどの先住民も含まれます。

　15世紀初めに、マラッカ王国が誕生し、16世紀から17世紀にかけてポルトガル、オランダがマラッカを支配、1824年の英蘭協約によりマレー半島及びボルネオ島西北部が英国の勢力範囲下となりました。1942年～1945年の約3年間、日本軍が占領しましたが、1948年英領マラヤ連邦形成、1957年マラヤ連邦独立、1963年シンガポール、サバ、サラワクを加えマレーシア建国。1965年シンガポールが分離し、現在に至っています。

　マレーシアは、天然資源に恵まれ、石炭、原油、天然ガス、錫、鉄鉱、ボーキサイト鉱、パーム油、ゴムなどが有名です。かつての経済構造は一次産品に大きく依存する経済でしたが、工業化の推進により著しく経済成長を遂げ中進国に成長しました。現在は、「ビジョン2020」により2020年までに先進国入りをめざし長期開発政策を進めています。

　マレーシアは、インフラ充実、政治的安定、英語の通用性等の利点があり事業環境はアセアンの中では充実している半面、人件費等のコスト上昇等の問題を抱えています。しかし、政府は第8次及び第9次5ヵ年計画で、生産効率の向上や物流拠点のインフラ整備等全体的なコストを低減させることを目指し対応してきたこと、及び製造業について外資100％出資を可能としたこと等が、外資参入の障壁を低減させました。

現在では、製造業の他、サービス業27業種、小売・流通業（ハイパーマーケットやコンビニエンスストアなどの11分野を除く）も外資100％出資が可能となっています。

　また、1986年投資促進法、1967年所得税法、1967年関税法、1972年販売税法、1976年物品税法、1990年自由地域法を根拠として、直接税と間接税について税制上の優遇措置が与えられます。これらの優遇措置は、製造業、農業、観光業、特定サービス産業等が対象となっています。

　例えば、製造業部門に投資する企業に対する主な優遇措置として、「パイオニア・ステータス」と「投資税額控除」があります。

　「パイオニア・ステータス」が認可されると、企業は5年間法人税の納付が一部免除（免税期間中、法定所得の30％に対してのみ課税）されます。また、「パイオニア・ステータス」の代わりに「投資税額控除」を申請することも可能です。

　「投資税額控除」が認可されると、企業は最初に適格資本的支出（認可プロジェクトで使用される工場、プラント、機械、その他設備に係る支出）が発生した日から5年間に発生した適格資本的支出の60％に相当する控除を受けることができます（この控除で該当賦課年度の法定所得の70％を相殺することができ（残りの30％には、現行の法人税率が課税される。）、未利用の控除は、翌年以降に繰り越しが可能です。）。

　また、その他には、ハイテク企業に対する優遇措置、戦略的プロジェクトに対する優遇措置、中小企業に対する優遇措置等があります。

※ブミプトラ政策について

　ブミプトラとは「土地の子」、つまりマレー人および先住民族を意味します。マレーシアは、典型的な多民族国家であり、民族間の所得格差、特にブミプトラと華人の格差が社会問題となり、1971年に格差を是正するため新経済政策が導入されました。マレー人を優遇する政策であることから、ブミプトラ政策と呼ばれ外国直接投資は、参入や外資出資比率が制限されていました。近年では、これが外資企業のマレーシア参入を阻害する障壁となり、改革が望まれていました。

■マレーシアの基礎データ

国名	マレーシア Malaysia
国土面積	約33万平方キロ(日本の約0.9倍)
人口	2,840万人（2010年統計局）（東京都の約2.15倍）
首都	クアラルンプール
民族	マレー系（中国系及びインド系を除く）66％、中国系約25％、インド系約8％
言語	マレー語(国語)、中国語、タミール語、英語
宗教	イスラム教［国教］、仏教、儒教、ヒンドゥー教、キリスト教、原住民信仰
政体	立憲君主制（議会制民主主義）
議会	二院制（上院議席70、下院議席222）
産業	製造業（電気機器）、農林業（天然ゴム、パーム油、木材）及び鉱業（錫、原油、LNG）
1人当たり名目GDP	8,323ドル（2010年）
GDP成長率	7.2％（2010年）
消費者物価上昇率	1.7％（2010年）
失業率	3.1％（2010年）
貿易	輸出 1,989億9,420万ドル（2010年）
	輸入 1,646億8,880万ドル（2010年）
主要貿易品目	輸出 電気製品、パーム油、化学製品、原油・石油製品、LNG、機械・器具製品、金属製品、科学光学設備、ゴム製品（2010年）
	輸入 電気製品、製造機器、科学製品、輸送機器、金属製品、原油・石油製品、鉄鋼製品、科学光学設備、食料品（2010年）
主な貿易相手国	輸出 シンガポール（13.8％）、中国（12.1％）、日本（10.9％）（2010年）
	輸入 日本（14.0％）、中国（12.4％）、米国（10.7％）（2010年）

通貨	リンギットマレーシア（RM）
為替レート	1米ドル＝約3.06リンギ、1リンギ＝約26.5円（2011年1月3日現在）
日本の援助実績	有償資金協力　9,693億円（交換公文ベース：2009年度までの累計）
	無償資金協力　138億円（交換公文ベース：2009年度までの累計）
	技術協力　1,096億円（JICA経費実績ベース：2009年度までの累計）
主要援助国	(1)日本　(2)英国　(3)ドイツ（2008年）
対日貿易	日本からの輸入額　15,446億円（2010年）
	日本への輸出額　19,874億円（2010年）
主な対日貿易品目	日本からの輸入　電気機器、機械類、自動車、鉄鋼
	日本への輸出　鉱物性燃料（LNG等）、電気機器、木材等
日本からの投資	1,308.2百万ドル（2010年）
在留邦人数	9,705人（2010年10月現在）
在日マレーシア人数	8,291人（2008年12月末現在：入管統計）

出所：外務省

コラム

　マレーシアは、国土の約60％が熱帯雨林で占められています（年間降雨量は約2500mm）。赤道に近いため、一年中常夏の気候です（一年中常春の気候の高原地帯もあります。）。年間平均気温は約27℃（年較差は1～2℃）です。

　一年中常夏の気候ではありますが、雨季と乾季があります。雨季といっても一日中雨が降り続くことではありませんし、乾季にもスコールが降ります。

Ⅱ──労働法・社会保障法の概要

　労働法の特徴として、マレーシアの労働に関する重要な法律は1955年雇用法ですが、サバ州とサラワク州は、それぞれの州の条例において労働法を規定しています。

　また、社会保障の年金制度については、我が国の基礎年金制度のように公務員、被用者、自営業等の全国民を対象とする制度設計とはなっていません（1980年年金法は公務員を対象とする年金制度であり、1951年労働者積立基金法は、民間被用者が中心に加入しています）。

1　労働関係法

　1955年雇用法以外の法律には、1947年賃金審議会法、1966年児童・少年雇用法、1990年労働者住宅最低基準法（労働省にプランテーション、鉱業分野で働く労働者に適切な施設が供給されるよう監督する権限を付与する法律）、1950年週休法（商店、食堂、劇場に勤務する労働者の休日を規定する法律）、1959年労働組合法、1967年労使関係法、1994年労働安全衛生法、1967年工場・機械法、1968年雇用規制法（外国人の雇用許可に関する法律）等が挙げられます。

(1)　労働法

　1955年雇用法は、上記のとおり、西マレーシアで施行されており、職業に関係なく月額1,500リンギ以下の賃金で使用者と労働契約を締結する労働者と、稼得した賃金月額に関係なく使用者と肉体労働の契約を締結している場合等の単純労働に従事する労働者に適用されます。

ⅰ　雇用契約

　この法律や規則、命令、その他の附則に明記されるよりも労働者に不利な条件の雇用契約あるいは協定は（この法律の発効前後を問わず）無効であり、この場合、この法律や規則、命令、その他の附則より有利な条件が適用されます。

また、雇用契約において、労働者が登録労働組合へ加入すること、その他について、当事者となる権利を制限できません。

1ヵ月を超える一定期間の雇用契約あるいは、作業完了に要する合理的時間が1ヵ月を超えるか超える可能性のある仕事の一定部分を遂行する雇用契約は、書面によるべきとしており、書面によるあらゆる雇用契約には、労使双方による契約終了の方法を規定しなければなりません。

ii 雇用契約の終了

① 通告・賃金等

雇用契約を締結した労使の一方は、いつでも雇用契約終了の意向を他方に通告できます。また、通告の期間は労使双方とも同じであることが必要であり、当該期間は雇用契約の条件として通告に関する条項により書面で規定される必要があります。

そのような条項が規定されていない場合は、以下が最低期間となります（ただし、以下の期間より長くなければならない例外規定あり。）。

- 通告する日に、雇用期間が2年未満の労働者の場合は4週間
- 通告する日に、雇用期間が2年以上5年未満の労働者の場合は6週間
- 通告する日に、雇用期間が5年以上の労働者の場合は8週間

また、通告なしで雇用契約を終了できる場合として、補償金（通告から終了までの未経過期間中に従業員に発生する賃金額に相当）を他方に支払う場合、雇用契約を締結した労使の他方が雇用契約の条件に故意に違反した場合等があります。

雇用契約は、1ヵ月以下の賃金算定期間を規定しなければならず、規定されていない場合、それは1ヵ月とみなされ、労働者が賃金算定期間に稼得した賃金は、法定控除を差し引いて、賃金算定期間の最終日後7日以内に支払う必要があります。ただし、使用者の申請により、労働局長がこの期間を延長できる場合があります。

契約終了の場合は、労働者が稼得した未払の賃金は、法廷控除を差し引いて、遅くとも雇用契約終了日までに支払う必要があります。

なお、使用者は、この法律に従わずに、労働者の賃金から控除をしてはいけません。

　また、労働の成果に対し労働者に支払われるべき賃金の総額あるいは労働者が稼得した賃金の総額は、この法律で特に許可された場合を除きすべて法定通貨で支払われる必要があり、他の形態で行われる賃金の支払いは違法かつ無効ですが、労働者の書面による同意を得て、小切手や指定銀行口座への振り込みなどで支払う方法も違法または不正ではありません。また、同意により、賃金以外の報酬が認められる場合があります。

　第31条では、労働者の賃金は使用者の負債よりも優先する場合を規定しています。

　②　契約終了、一時解雇（レイオフ）、退職給付

　大臣は、この法律の下に定められた規則によって、以下の給付について労働者の権利と使用者による支払いを規定しています。

・契約終了給付

・一時解雇（レイオフ）給付

・退職給付

※1980年雇用（契約終了及び一時解雇給付）規則では、労働者の雇用契約が終了した日等に継続雇用契約に基づいて雇用された期間が12ヵ月以上の場合に（雇用期間と他の雇用期間との間隔が30日以下であれば2回以上の雇用期間の総計で12ヵ月以上になる場合を含む）、使用者は労働者に契約終了給付または一時解雇給付を支払う責任を負い、その支払額は以下のとおりとしています。

・雇用期間が2年未満の場合、使用者との継続雇用契約に基づく雇用1年に対し10日分の賃金

・雇用期間が2年以上5年未満の場合、使用者との継続雇用契約に基づく雇用1年に対し15日分の賃金

・雇用期間が5年以上の場合、使用者との継続雇用契約に基づく雇用1年に対し20日分の賃金

ただし、労働者の雇用あるいは事業の一部について、事業の所有権に（売却、他の処分あるいは法の執行による）変更が発生する場合、所有権の変更から7日以内に新たな事業主によって、ただちに事業が引き継がれ、事業の所有権の変更前に雇用された雇用条件よりも不利でない条件に基づき労働者の雇用を継続する提示を行ったにもかかわらず、不当に申し出を拒否した労働者は、これらの規則の下で支払われる契約終了給付を受ける権利はありません。

ⅲ 労働時間と休憩

後述の場合を除いて、労働者は以下を雇用契約で要求されません。

⒜ 最低30分間の休憩時間を与えられずに、連続5時間を超える労働
⒝ 1日8時間を超える労働
⒞ 1日10時間の拘束時間を超える労働
⒟ 1週間48時間を超える労働

ただし、以下を条件とします。

（ⅰ）⒜について、連続5時間のうちの30分未満の休憩は、5時間の連続性を中断しない。
（ⅱ）継続して行う必要がある業務に従事する労働者には、食事休憩などを合計した45分以上の休憩を含め、連続8時間の労働を要求できる。
（ⅲ）労働者と使用者との雇用契約の下での合意により、週に1日または2日以上の労働時間数が8時間未満の場合、その週の残りの日の労働時間は8時間の制限を超過してもよいが、1日9時間、1週間で48時間を超過して労働者に労働を要求してはいけません。

ただし、労働局長は、使用者の書面での申請により、使用者の事業に許可を与えることが必要あるいは得策である特別の事情があり、妥当と判断した場合、使用者が労働者の1人あるいは複数と、もしくは労働者の階級、部門、業種と上記⒜〜⒟で規定される労働時間を超えて勤務する雇用契約を締結する許可を与えることができます。

また、職場で事故が発生またはその恐れがある場合等では、使用者は

上記(a)～(d)に規定された時間の制限を超えた勤務または休日労働を労働者に要求できます。

通常の労働時間を超えて行った超過勤務については、労働者の決定された支給率にかかわらず、通常の1.5倍以上の支給率で支払う必要があります。

一日の労働時間については、職場で事故が発生した場合等を除いては、使用者は労働者に1日12時間を超える労働を要求できません。

また、使用者は、この法律の規則によって大臣が随時規定する制限を超えて、労働者に残業を許可できないし、要求できません。

※1980年雇用（超過勤務の制限）規則では、この制限を月104時間と規定しています。

交代制勤務については、「労働者に、最低30分の休憩時間を与えずに、連続5時間を超える労働は要求できない。」の規定に従い1日に8時間を超え、1週間に48時間を超える労働を使用者は労働者に要求できますが、3週間または労働局長が承認した場合は3週間を超える期間の1週間あたりの平均労働時間数が48時間を超えてはいけません。また、交代制労働者に対しても、使用者は、職場で事故が発生した場合等を除いては、労働者に1日12時間を超える労働を要求できません。

ⅳ 休日・休暇

① 休日について

労働者は、休日を週に1日以上取得する権利がありますが、これは第37条に規定の産休、第60条Fに規定の病気休暇、1952年労働者災害補償法あるいは1969年労働者社会保障法に規定の一時的な障害期間には適用されません。また、労働者が30時間以上連続して交代制勤務に従事する場合は、1日の休日が与えられる必要があります。さらに、労働局長は、使用者の書面での申請により、適合条件に該当する場合、使用者が各週の休日をその月の任意の日に定めることについて許可を与えることができます。加えて、使用者は月の開始前に、所定の方法により、各労働者に休日を示さなければなりません。

休日労働については、職場で事故が発生またはその恐れがある場合等を除き、労働者は業務の性質上継続して勤務することを必要とする労働、または2回以上の交代制勤務による労働に従事しない限り、休日労働を強制されませんが、休日労働をする場合の賃金は以下のとおり支払われる必要があります。

「日給制、時間給制、その他類似する制度で雇用される労働者の場合」
- 労働時間が通常の労働時間の半分以下の場合は、通常の支払い率による1日分の賃金。
- 労働時間が通常の労働時間の半分を超え、通常の労働時間以下の場合は、通常の支払い率による2日分の賃金。

「月給制で雇用される労働者の場合」
- 労働時間が通常の労働時間の半分以下の場合は、通常の支払い率による半日分の賃金。
- 労働時間が通常の労働時間の半分を超え、通常の労働時間以下の場合は、通常の支払い率による1日分の賃金。

※通常の労働時間を超過した労働に対しては、時間給の2倍以上の率で計算した賃金を支払う必要があります。

※出来高制で雇用される労働者の場合は、通常の歩合の2倍の賃金を支払う必要があります。

② 休日について

全ての労働者は、公示される10日の公休日については、一暦年中に、通常の支払い率による有給の休暇を取得する権利があります。ただし、そのうちの4日は以下によることとされています。

- 独立記念日
- 国王の誕生日
- 労働者が労働契約の下で主として勤務する州の統治者または君主の誕生日、労働者が主として連邦地域で働く場合は、連邦記念日
- 労働者の日（メイ・デー）

また、労働者は1951年休日法第8条の規定により布告された日につい

ても通常の支払い率による有給の休暇を取得する権利がありますが、上記の毎年公示される10日の公休日と重なる場合は、その直後の就業日を有給の代替休日とします（使用者は、他の日に振替えが可能）。

（上記4日の公休日以外の）残りの6日の公休日については、各暦年の開始前に、使用者は、就業場所に目立つよう掲示しなければなりません（労使の合意により、他の日に振替えが可能）。

ただし、労働者は、正当な理由なく公休日の直前直後の労働日に使用者の事前の同意を得ずに欠勤した場合、公休日に対する賃金を受ける権利はありません。一方、労働者は、使用者の要求により有給休暇日に勤務する場合は、休日労働手当に加え、2日分の通常賃金（通常の労働時間を超過した労働に対しては3倍の時間給）が支払われる必要があります（ただし住宅手当等、増額されない手当があります。）。なお、労働者が出来高制で雇用されている場合は、歩合の2倍が支払われます（通常の労働時間を超過した労働に対しては歩合の3倍）。

公休日あるいは代替日が、この法律に規定する病気休暇もしくは年次休暇または1952年労働者災害補償法あるいは1969年労働者社会保障法で定める一時的な障害期間と重なる場合、使用者は別の日に有給休暇を付与する必要があります。

③　年次休暇について

年次有給休暇は、同一の使用者に継続して勤務する各12ヵ月に対し、以下のとおり付与されます。

・雇用期間が2年未満の場合、8日間
・雇用期間が2年以上5年未満の場合、12日間
・雇用期間が5年以上の場合、16日間

なお、雇用契約が終了する年に同一の使用者に継続して勤務する期間が12ヵ月未満の場合は、勤務月数に比例した日数が付与されます（端数は四捨五入）。ただし、使用者の許可または正当な理由なく年次休暇の権利が付与されることとなる12ヵ月の継続勤務の間において、労働日の10％を超えて欠勤した場合、年次休暇は付与されません。

④ 病気休暇について

　労働者は、使用者の負担による以下の登録医等の診察後、有給病気休暇を受ける権利があります。
　　・使用者によって正式に任命された登録医
　　・上記登録医がいない場合や、病気の症状あるいは状況により合理的時間内あるいは距離内で、上記登録医の診察を受けることが不可能な場合は、他の登録医または医官
「入院の必要がない場合の有給病気休暇の日数」は以下のとおり。
　　・雇用された期間が2年未満の場合、各暦年において総計14日間
　　・雇用された期間が2年以上5年未満の場合、各暦年において総計18日間
　　・雇用された期間が5年以上の場合、各暦年において総計22日間
「登録医あるいは医官が、入院が必要であると認定した場合」の有給病気休暇の日数は、各暦年において総計60日間。

　ただし、病気休暇を規定する第60条Fに基づいて付与される有給病気休暇の通算日数は、一暦年において総計60日までです（1971年歯科法で定義された歯科医による診察後に付与される日数を含む）。

　また、登録医等の認定がないあるいは認定はあるが、休暇の開始後48時間以内に、使用者への通知をしなかった場合、使用者の許可または正当な理由なく欠勤したとみなされます。

　また、有給病気休暇が付与されない期間として、以下の期間があります。
　　・出産の保護を規定する第9章の下に出産手当を受給する期間、
　　・1952年労働者災害補償法の下に障害補償を受給する期間、
　　・1969年労働者社会保障法で定める一時的な障害に対する定期的な給付金を受給する期間

※東マレーシアについて
　サバ州条例67号及びサラワク州条例76号は、職業に関係なく月額2,500リンギ以下の賃金で使用者と労働契約を締結する労働者と稼得し

た賃金月額に関係なく使用者と肉体労働の契約を締結している場合等の単純労働に従事する労働者に適用されますが、規定については、1955年雇用法の雇用契約、労働時間と休憩、休日休暇、女性の雇用等とおおむね同様に規定されています。また、1966年児童・少年（雇用）法も、西マレーシア（マレーシア半島の国）にのみ適用されているため、サバ州及びサラワク州においては、児童・少年に係る規定は、当該条例で規定されています。

(2) 賃金関係法

1947年賃金審議会法は、賃金審議会の設置、及びそれ以外に特定の業種における労働者の報酬及び雇用条件を規定するための法律であり、ホテル業に従事する労働者、小売業に従事する労働者、映画産業に従事する労働者、ペナン港湾労働者が対象となっています。

(3) 労働安全衛関係法

i 1994年労働安全衛生法

法の目的は以下のとおりです。

① 就業中の労働者の活動に起因する安全と健康に対するリスクから、就業中の労働者の安全と健康と福祉を確保すること

② 就業中の労働者の活動に起因する安全と健康に対するリスクから、職場にいる就業外の労働者を保護すること

③ 就業中の人が、生理的及び心理的要求に適合できるように、作業環境の改善を促進すること

④ 労働安全衛生関連法規が、安全衛生基準を維持あるいは改善することを意図とした本法の規定とあいまって運用される体系的規則及び認可された産業行動基準に漸次置き換えられる手段を規定すること

※同法では、使用者等の一般義務、設計製造者及び供給者の一般義務、労働者の一般義務を定める他、安全衛生組織について定めています。

ii 1967年工場・機械法

この法律は、工場において就業する労働者の安全、健康及び福祉に関

する事項、工場の機械の登録及び検査に関する事項、その他これらに関連する事項を規定することにより、公共の福祉の増進に資することを目的としています。

(4) 労使関係法
ⅰ 1959年労働組合法
① 労働組合の登録

1959年労働組合法発効後に設立された全ての労働組合は、労働組合設立日から起算して1ヵ月以内に、本法律の下に登録を申請する必要があります。また、結社、組織、団体にかかる労働組合としての全ての登録の申請は、所定の様式で総裁になされる必要があり、当該労働組合の少なくとも7名による署名が必要です（役員を含むことも可）。申請は、所定の手数料と申請する当該労働組合の組合員が署名した労働組合規則の印刷コピーを添え、所定の事項を申告する必要があります。

総裁は、申請の受理により所定の方法で労働組合を登録するが（登録を拒否できる場合があります）、登録を行った場合、所定の様式の登録証明を交付する必要があります（労働組合の登録の取り消しや撤回の場合は除く）。

※労働組合は登録されない限り、登録労働組合の権利、免責、特権を受けられません。

ⅱ 1967年労使関係法
① 団体交渉

労働者の労働組合が使用者または使用者団体に承認されている場合、労働者の労働組合が団体交渉を開始するために使用者または使用者団体を招致することができ、使用者または使用者団体は団体交渉を開始するため労働者の労働組合を招致することができます（交渉の申し入れは書面で行い、団体協約の案を提示する必要があるが、使用者が労働者を低い地位から高い地位へ昇格させること等の労働協約の案は提示できない）。招致状の受理から14日以内に、招致を承諾するか否かの通知を相手方に書面で回答する必要があり、承諾する通知が回答された場合、回

答を受理した日より30日以内に団体交渉を開始する必要があります。申し入れが拒否された場合、14日以内に承諾されなかった場合、回答を受理した日より30日以内に団体交渉が開始されなかった場合、申し入れた側は、書面で局長に通知できます。局長は、双方に遅滞なく団体交渉の開始をもたらすために、必要あるいは適切な措置を講ずることができます。このような措置が講じられた後に、なお団体交渉の開始が拒絶された場合、招致の際に提示した事項について、労働争議が存在するとみなされます。

　② 　団体協約

　団体協約は書面でされる必要があり、合意する当事者あるいは代理を承認された者による署名が必要です。団体協約は合意した項目を明確に記す必要があり、必要的に以下の項目を記す必要があります。

　・当事者の名称
　・協約の開始の日から3年以上の有効期間の指定
　・変更及び終了するための手続きの規定
　・当事者間の合意に基づいて設置された労働争議を解決するための適切な機関が存在しない場合、協約の履行あるいは解釈で生じる疑義を調整するための手続きの規定、及び裁決を目的としてかかる疑義を裁判所に付託するための手続きの規定

　また、団体協約に定められた雇用の条件で労働者に適用される成文法の規定よりも不利あるいはこれに違反するものは、その部分は無効とし、無効となった部分は成文法の規定に読み替えるものとしますが、特定新規事業における団体協約の制限事項に注意を要します。

　署名された団体協約の写しは、契約締結日から1ヵ月以内に当事者が共同で登記官へ預託し、登記官はただちに、裁判所の承認のために通知する必要があります。裁判所が承認した団体協約は、裁定とみなされ、以下を拘束します。

　・協約の当事者（当事者が使用者団体の場合、その協約に関係する使用者団体の全会員、それらの後継者、譲受人、出向者を含む）

・雇用される全ての労働者、あるいは協約が関係する事業あるいは事業の一部に引き続いて雇用される労働者

　団体協約において指定された日から指定された期間、その後の協約あるいは裁判所の決定により変更される場合を除き、契約に基づいて支払われる賃金の支給率や遵守される労働条件は協約に従うべきであることは、協約に拘束される労使間の黙示の契約事項です。

(5) 女性、年少者および社会的弱者保護関連法

i　1955年雇用法（女性の雇用）

　この法律の規定により定められた規則あるいは夜間労働の禁止を定めた第34条1項ただし書きの規定（労働局長は夜勤の禁止規定から女性労働者を除外できる場合があることを定めている）に従う場合を除き、あらゆる産業や農業事業において夜10時から朝5時までの間は、使用者は女性労働者に労働を要求できません。また、11時間連続して仕事から解放する期間を与えずに仕事を開始させてもいけません。また、第35条では女性労働者を地下の労働に雇用してはならないことを定めています。ただし、第34条及び第35条の規定にかかわらず、大臣は、命令で定める状況において、あるいは条件の下で、女性労働者の雇用を禁止し、あるいは許可ができます。

　さらに、第9章では、母性保護を規定しており、女性労働者は規定に従い産休を取得でき、使用者から出産手当金を受けることができます。

※1976年雇用（出産手当金の最低額）規則では、産休期間に係る出産手当金は1日あたり最低6リンギとしています。

※その他女性の雇用について、1955年雇用法第34条（夜勤の禁止）の例外として、1958年雇用（女性の雇用）（女性乗務員）規則は、公共交通車両の車掌免許を取得している女性労働者の労働時間は午後10時から午前1時まで（午前1時から午前5時までは禁止）としています（11時間連続して仕事から解放する期間を与えることが必要）。また、1970年雇用（女性の雇用）（交替制労働者）規則は、少なくとも1日2交替制で運営される認定業種に雇用される場合、午後10時から午前

5時までの間にかかるシフトに女性労働者を雇用することができるとしています（11時間連続して仕事から解放する期間を与えることが必要）。

ii　1966年児童・少年（雇用）法

この法律は、マレーシア半島の国にのみ適用され、児童及び年少者を雇用できる範囲等を定めています。児童・年少者を使用できる時間は原則1日6時間であり、少なくとも30分の休憩時間を与えずに、連続3時間を超えて働かせてはいけません。また、児童及び少年それぞれについて、従事できる雇用を定めており、児童及び少年は指定されたもの以外の雇用に従事できません（要求もされないし、許可もされない）。

(6)　労働紛争解決関連法

労使紛争は、まず、労使当事者間の交渉で自主的に解決されるべきですが、解決に至らない場合、人的資源省の労使関係局に解決を求めることができ、調停が行われます（当事者を拘束できない）。それでも解決に至らない場合、人的資源大臣の裁量により労働裁判所に解決を委ねることができ、仲裁が行われます（当事者を拘束する）。

(7)　その他雇用労働に関する法令

1955年雇用法（外国人労働者の雇用）

外国人労働者を雇用する使用者は、雇用の14日以内に、労働局長が定めた様式で、最寄りの労働局に外国人労働者の詳細を報告する必要があります。また、使用者あるいは特定分野に属する使用者は、労働局長の要求があれば、労働局長が指示する様式及び間隔で、外国人労働者の雇用関係の詳細について申告書を提出する必要があります。また、同法第60条Mでは、外国人労働者を雇用する場合のマレーシア人労働者の解雇禁止、及同法60条Nでは、人員余剰を理由とする雇用の終了について規定されており、それぞれマレーシア人労働者を保護する規定となっています。なお、第60条Lには、労働者の苦情に対する労働局長による調査について規定されています。

2 社会保障関連法

マレーシアの社会保障に関する法律には1969年労働者社会保障法があります。この法律は、雇用傷害保険制度と廃疾年金制度が設けられており、マレーシア全土に適用されます。その他の法律には、1951年労働者積立基金法（使用者及び労働者は、労働者の積立基金口座に積み立てをしなければならないことを規定する法律）、1980年年金法、1952年労働災害補償法があります。

(1) 年金制度

i 1951年労働者積立基金法

主な目的は、民間企業等の労働者に強制的に貯蓄をさせることによって、退職後の生活を安定させることです。使用者と労働者は定められた金額に従い、月々の保険料を納付する必要があります。

※第三付帯条項に、1ヵ月の賃金額に応じた保険料額が規定されています。

労働者及び使用者の拠出金は、労働者の賃金の11％及び12％（例えば、労働者の賃金月額が180.01リンギから200.00リンギまでの保険料は、労働者負担分は22.00リンギ、使用者負担分は24.00リンギです。）。外国人労働者については、11％及び5リンギ（外国人労働者に対する制度は、1998年8月に導入。）です。

ii 1980年年金法

この法律は公的機関の労働者及び扶養家族を対象とした法律です。

(2) 医療保険制度

マレーシアでは、公的な医療保険制度はありませんが、政府予算からの助成金により、マレーシア国民は公立の病院・診療所において無料（低所得者、政府職員）もしくは最低限の費用負担で受診することが可能となっています。なお、公的な医療保険制度、介護保険制度は存在していません。

(3) 雇用保険制度

マレーシアでは公的失業保険給付制度はありません。

(4) 労災保険制度
i　1969年労働者社会保障法
　① 適用範囲
　この法律は、マレーシア全体に適用されます。
　② 適用
　この法律は、1人以上の労働者を有する全事業に適用され、労働者には直接の使用者によって雇用される労働者も含まれます。
※第一付帯条項には、適用除外労働者が規定されています。すなわち月間の賃金が3,000リンギを超える労働者（この法律の第6条に規定する保険料を支払う義務を負った労働者が、その後に月間の賃金が3,000リンギを超えることになっても適用除外となりません。また、月間の賃金が3,000リンギを超える労働者とその使用者が、この法律の規定に基づき保険料を支払うことは可能です。）、臨時に雇用される者、使用者の事業の目的外で雇用される者、家事使用人等です。
　③ 保険の資格および保険料
　この法律が適用される全ての事業は、規則で指定する期日及び方法で機構に登録する必要があります。
　また、この法律に従い、この法律が適用される事業の全ての労働者は、この法律が規定する方法で、保険に加入する必要があります。
　この法律の下に支払われる労働者の保険料は、使用者により支払われる保険料（以下「使用者の保険料」という。）及び労働者により支払われる保険料（以下「労働者の保険料」という。）で構成され、機構に支払う必要があります。保険料は、以下の2つの分類に分かれます。すなわち、
　(a) 第1分類の保険料は、廃疾及び雇用傷害という不測の事態に備えて保険に入る労働者により支払われる、あるいはその代理人が支払う保険料。
※第三付帯条項で指定する1ヵ月の賃金額に応じて、使用者と労働者が分担して支払う必要があります。

労働者及び使用者の拠出金は、労働者の賃金の0.5％及び1.75％（例えば、労働者の賃金月額が140リンギを超え200リンギ以下までの保険料は、労働者負担分は0.85リンギ、使用者負担分は2.95リンギ、合計3.80リンギ）です。

(b) 第2分類の保険料は、雇用傷害に至る不測の事態のみに備えて保険に入る労働者により支払われる、あるいはその代理人が支払う保険料

※第三付帯条項で指定する1ヵ月の賃金額に応じて、保険料は全て使用者が支払う必要があります。

使用者の拠出金は（全額使用者負担）、労働者の賃金の1.25％（例えば、労働者の賃金月額が140リンギを超え200リンギ以下までの保険料は、使用者負担分は2.10リンギ）です。

この法律の下に支払われる全ての保険料については、月を単位とし、各月に支払われる保険料は、通常、月の最終日が支払期日とされ、労働者が月の一部の期間において使用者に雇用される場合は、その月の保険料は、最終の就労日が支払期日とされます。また、同じ月に同じ被保険者について2以上の保険料が支払われる場合、それらは1ヵ月の保険料として合計され、この法律の下に支払われる年金額あるいは給付金額の計算過程で使用する暫定賃金の平均を計算する際、同じ月に同じ被保険者について支払われる2以上の月額保険料は、それぞれの暫定賃金に応じた保険料の総計として単一の月額保険料とみなされます。それぞれの暫定月額賃金に応じた保険料の総計が、暫定月額賃金の上限を超える場合、暫定月額賃金は上限額とされます。

主要使用者は、労働者を直接雇用しているか直接の使用者を通して雇用しているかにかかわりなく全ての労働者について使用者の保険料及び労働者の保険料の両方を支払う必要があります。

その他の成文法の規定にかかわらず、この法律及び規則に従って主要使用者は、直接に雇用する労働者について、労働者の保険料を賃金から控除することによって労働者から徴収します。

ただし、その控除は、保険料が支払われる期間あるいは期間の一部についての賃金からのみ控除されるものとし、その期間の労働者が負担する保険料総額を超えてはいけません（第7条2項ただし書き）。

この法律に反するいかなる契約にもかかわらず、主要使用者も直接の使用者も、労働者に支払われる賃金から使用者が負担する保険料を控除する権利はなく労働者から保険料を回収する権利もありません。この法律の下に賃金から主要使用者によって控除された控除額は、控除された保険料を支払うことを労働者から主要使用者に委託されたものとみなされます。

直接の使用者によって雇用される労働者の保険料を支払う主要使用者は、契約に基づき主要使用者が直接の使用者へ支払う額から控除するか、あるいは直接の使用者の負債として回収するかにより、支払った保険料（使用者の保険料及び労働者の保険料）額を直接の使用者から回収する権利があります。この場合、直接の使用者は、労働者の保険料を労働者の賃金から控除することによって回収する権利があります（第7条2項ただし書きに従うこと）。

保険料（使用者の保険料及び労働者の保険料）は、全部または一部の賃金が労働者に支払われる各月に主要使用者によって支払われます。

たとえ、この法律が適用される事業もしくは労働者あるいはその両方が保険に加入していない、あるいは機構に登録されていなくても、労働者の保険料は、労働者が労働を開始した月より支払われる必要があります。また、労働者に関する滞納保険料を支払う使用者は、第7条2項ただし書きの規定にかかわらず、支払日の直前6ヵ月以内に支払われるべき労働者の保険料のみであれば、払われる賃金から回収する権利があります。

第11条は、主要使用者および直接の使用者に、機構への申告書の提出および記録の保管を義務づけています。

③ 給付金

給付金の主なものは、以下のとおりです。
- 廃疾年金
- 障害給付
- 扶養家族給付
- 葬儀給付
- 看護手当
- 医療給付金
- 生存者年金

ii 1952年労働者災害補償法

この法律の規定により雇用中の事故による傷害に対する補償金を支給し、使用者に対し労働者のために保険をかける義務を課しています。

また、この法律に基づいて2005年外国人労働者保障制度令が規定され、外国人労働者を雇用する使用者は責任保険に加入する義務を負い、勤務時間の内外にかかわらず発生した事故による障害に対し補償金を支払う義務が課されています。

3 労働者福祉関連法

低所得世帯は、家族構成等の状況に応じ経済支援が行われています。

また、1977年貧窮者法により、ホームレスや貧窮者などに対する施策が行われています。

4 職業能力開発関連法令

1992年人的資源開発法により設立された人的資源開発基金は、従業員10名以上49名以下で払込資本金が250万リンギ未満の企業は、労働者の月給支払額の0.5％を、従業員が50名以上または従業員が10名以上49名以下で払込資本金が250万リンギ以上の企業から労働者の月給支払額の1％を徴収します。使用者は、人的資源省の承認する訓練および研修を実施する際に、基金から費用の補填を受けることができます。人的資源

省の承認する訓練および研修には、普遍的なビジネススキルを習得させるための「一般技能の習熟」コースと特殊な技能を習得させるための「技能向上」の2種類のコースが設けられています。

5　労働事情

　1980年代末までの就業構造は、農業従事者が最も多かったのですが、工業化の進展に伴い製造業従事者が増え、1990年代初めには農業従事者を上回るようになりました。その後、政府は産業育成方針を労働集約型から資本集約型へ転換し、製造業従事者は横ばいで推移するようになりました。近年の傾向としてはサービス業従事者が増えてきています。

　労務問題としては、マレーシア人は3K労働を嫌う風潮があり、また、技術者・熟練者も不足しています。これらの労働力の不足に対しては、外国人労働者の雇用で補っている状況です（政府の方針は、あらゆる職種やレベルにおいてマレーシア人が訓練され、雇用されることを基本としているが、不足している職種には、外国人労働者の雇用が認められています。）。

　外国人労働者は年々増加しており、2008年には、約206万人が従事しています。最も多いのはインドネシア人の約109万人で、全体の半数を超えています。続いて、バングラディッシュ人が約32万人、タイ人が約2万人雇用されています。

　ただし、外国人単純労働者に対する規制が強化されたこと、サービス産業で労働需要が増加したこと等を背景にして、製造業において労働力の確保は厳しくなってきています。

※2011年9月1日から、外国人単純労働者の年次雇用税が引き上げられています（政府はワークパーミット（工場労働者等の低技能向けの外国人就労許可証）、Sパス（中技能向けの外国人就労許可証）保持者の採用企業に課す外国人雇用税を2013年7月まで段階的引き上げるようです。）。

　また、2012年1月1日から、エンプロイメント・パス（管理・専門職

向けの外国人就労許可証）の発給基準（基本月給と学歴基準）が引き上げられる予定で、雇用コストが増える懸念があります。

※2011年11月1日から、インド政府のガイドライン改正により、インド人出稼ぎ労働者の最低賃金が800から1400リンギに制定され、インド人との雇用契約書について、まずインド高等弁務官事務所の認可を得る必要があります。

6 労働・社会保障法令の改正動向

ブミプトラ政策の改革としては、これまでの規制緩和は、まだまだ十分といえず、更なる規制緩和の対象業種の拡大等が望まれています。また、外資系企業の受入が盛んだったこともあり、安全衛生法関係の法整備は、他の東南アジア諸国に比べて早くから法整備も行われ、改正も重ねられてきました。

東南アジア諸国においてグローバリゼーションが進行する中、マレーシアの労働・社会保障制度は、単体での法制度となっており、マルチシステムとしての社会保障制度の整備が望まれています。今後の動向を注視したいところです。

【参考文献】
ジェトロ、「2010年版世界貿易投資報告マレーシア」
国際労働機関（ILO）労働法・社会保障法データベース
〈http://www.ilo.org/dyn/natlex/country_profiles.home?p_lang=en〉
海外職業訓練協会（OVTA）各国・地域情報〈http://www.ovta.or.jp/info/〉
国際安全衛生センター、労働安全衛生法、工場・機械法
厚生労働省、世界の厚生労働2010
マレーシア工業開発庁、投資優遇措置
独立行政法人労働政策研究・研修機構〈http://www.jil.go.jp/outline/index.html〉

ブルネイ・ダルサラーム国
Brunei Darussalam

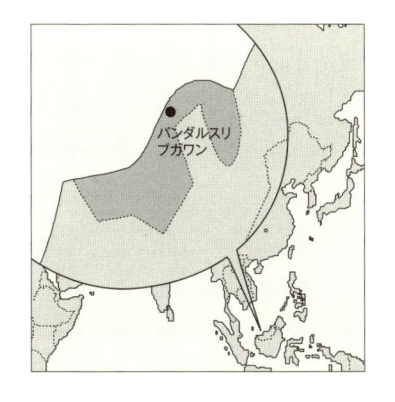

執筆者：山田　恵子

I──ブルネイの概況

　ブルネイは熱帯雨林気候に分類され、高温多湿で蒸し暑く、スコールと呼ばれる激しい雨に見舞われることが特徴です。地理的には、世界で3番目に大きな島であるボルネオ島北西部に位置し、インドネシアと国境を交えており、マレーシアに隣接国にもつ小さな国です。北は南シナ海の豊富な海産資源、南は約7割にあたる森林地帯いわゆる"ジャングル"が国土を占めています。

　天然資源としては、石油・天然ガスなどがとても有名です。最近では、天然資源の枯渇に備えて、工業団地への誘致政策、農産、海産、林業などの育成、及び観光国としての基礎整備を進めています。政府の誘致政策のおかげで、新しく進出する企業の法人税などは優遇税率が適用され、また、電気やガスなどのインフラも政府と交渉することで割引も可能です。

　ブルネイは、マレー系（ブルネイ族、カダヤン族、ツトン族、プライト族）が70％、原住マレー族（イバン族、ムルット族、プナン族、ルン・ダイェー族、ビサヤ族等）が6％、中華系（漢民族）で14％、その他10％程度の民族から成ります。宗教は、イスラム教が国教で、その他キリスト教、仏教、道教等が信仰されています。イスラム教が国教なのに、国民の祝日にクリスマスが入っているのも特徴です。

　ボルネオ島は8世紀頃に統一されてから、15世紀～16世紀にかけてマラッカ海峡からフィリピンまでの海上貿易を支配する広域なイスラム国家として君臨したのを最盛期とし、16世紀～17世紀の大航海時代にポルトガル・スペイン・オランダ・英国によりどんどん国土が縮小されていきます。

　ブルネイの国土がブルネイ島だけになった後、内乱に見舞われますが、イギリス人探検家ジェームズ・ブルックスが内乱を鎮めます。そこで、ブルネイは、1841年、褒美にサワラクを割譲しブルックスをサワラク領

主として認めます。ところが、ブルックスは、ブルネイ国の恩を仇で返すように領主となったサワラクの土地をイギリスへ献上します。

　さらに、ブルックスはブルネイ国王へ内乱を企てますが、未遂に終わります。ついに、ブルネイ国とサワラク王国の戦争が起こります。戦争の結果ブルネイ国が負けてしまい、1846年、サワラク王国をブルネイから独立させることになってしまいます。また、ブルックスは、現在のマレーシアのサバ州にあたる地域までブルネイからイギリスへ割譲させることに成功します。

　そして、イギリスの影響を深く受ける現在のブルネイは、1847年にイギリスと友好通商航海条約を締結し、1848年イギリスの保護国となることを自ら選びました。1926年、油田が発見されると、第二次世界大戦を迎え、石油の供給を目的とした日本軍に占領されますが、戦争が終結し占領を解かれると、イギリスと協定を結び、1959年、ブルネイ憲法を制定。イギリスから自治を回復し自治領となります。

　そして、1961年、マラヤ連邦では、イギリス植民地として残ったシンガポールやボルネオ島のイギリス領のブルネイ、サバ、サラワクを統合してマレーシア連邦を結成するという"大マレーシア構想"の発表であり、この発表が、1962年、マレーシア連邦の参加へ「ノー」という意思表示を明らかにする国民反乱へ発展し、マレーシアとしてではなく、ブルネイ国として独立することになります。

　そして、1984年1月1日、イギリスから独立。同年1月8日には、1967年に5ヵ国で発足して以来、初の途中加盟国としてASEANに加盟し、同年9月には国際連合に加盟するに至りました。

　日本とブルネイの関係は、1984年の独立当初から国交が持たれている良好な関係で、背景には日本の皇室とブルネイ王室の親交があるといわれています。2004年9月に行われたブルネイのビラ皇太子の結婚式には、当時の徳仁皇太子様がフィリピン大統領、インドネシア大統領の次の席順で招待されるほど両国の王室と皇室の関係は親交が深く、今の日本とブルネイの関係はとても良好な関係が続いています。

■ブルネイの基礎データ

国名	ブルネイ・ダルサラーム国 Brunei Darussalam
国土面積	5,765平方キロメートル（三重県とほぼ同じ）
人口	41.4万人（2010年）
首都	バンダルスリブガワン
民族	マレー系（含その他の先住民族）66.6％、中華系11％
言語	公用語はマレー語、英語は広く通用、華人の間では中国語も通用
宗教	イスラム教（国教）、キリスト教、仏教等
政体	立憲君主制
元首	ハサナル・ボルキア国王（第29代スルタン）
議会	1984年の独立直後から停止されていたが、2004年9月に再開され、議会の構成に関する憲法改正が行われ、構成議員の一部を選挙で選出することが規定された。
産業	石油・天然ガス
GDP（名目）	177.6億ブルネイドル（2010年）
一人当たりGDP	49,000ブルネイドル（2011年）（予想値） ※GDPの約5割を占める石油、天然ガス部門の動向に左右される。
GDP成長率	4.0％（2010年）
消費者物価上昇率	0.3（2010年）
失業率	3.75％（2010年）
貿易	輸出　10,430.2百万ブルネイドル（2009年） 輸入　3,491.9百万ブルネイドル（2009年）

主要貿易品目	輸出　天然ガス、石油（この二品目で総輸出額の96.1％）
	輸入　動物性又は植物性の油脂及びその分解生産物、調整食用脂、並びに動物性又は植物性のろう（26.4％）、機械・輸送機器（13.5％）、食料品及び動物（6.1％）、工業製品（2.5％）、その他
主な貿易相手国	日本、韓国、インドネシア、インド、オーストラリア、米国等
通貨	ブルネイ・ドル
為替レート	1ブルネイ・ドル＝約65.3円（2011年11月現在）
経済連携協定（EPA）	2008年7月31日発効
対日貿易	日本からの輸入額　131億円
	日本への輸出額　3,598億円
主な対日貿易品目	日本からの輸入　車両及びその部品、管及び管用継手
	日本への輸出　石油・天然ガス
在留邦人数	133人（2010年10月1日現在　2011年10月）
在日ブルネイ人数	33人（2010年12月31日現在　2011年10月）

出所：外務省

Ⅱ──労働法・社会保障法の概要

　ブルネイは、世界で最も裕福な国の一つであることから、アジア諸国の中でも、北欧なみの社会保障制度を持つ国といわれています。労働法については、ざっくりとしていましたが、2009年に改訂が行われ改善が行われた一方、若者の失業問題を抱えています。失業問題の根底には、労働者スキル不足による雇用のミスマッチの問題があり、職業訓練体制の強化が求められています。

1　労働関係法

　ブルネイの労働者ブルネイの総労働力人口の3分の1以上が外国人労働者で、特にマレーシア、タイ、フィリピン、インドネシアからの出稼ぎ労働者が多いのが特徴です。

(1)　労働基準関係法

　ブルネイでは、労働関係の法律をまとめたものとして、1954年11月に施行された「労働法（Labour ACT,1954）」が改正され、2009年9月3日に「雇用命令（the Employment Order 2009）」（以下、「雇用法」という）が発効しました。その他の周辺規則及び通知については以下の通りとなっています。

【労働法の周辺規則及び通知】

規則及び通知名	内容
移民労働者雇用契約規則 （Immigrant Workers' Employment Licences Rules）	a　移民労働者を雇用する際は書面で許可申請 b　移民法に基づいて行う c　国内労働者と同作業同賃金での仕事を提供
行政役人の職務権限規則 （Limitation of Duties and Powers Rules）	行政役人の職務権限についての手続の方法と職務権限の内容

　改正された雇用法では、パートタイマー労働者の適用などが創設されました。また、旧労働法に規定がなく、規則として運用されていた規定、つまり、家事使用人規則（Domestic Servants Rules）、出産給付金規則

(Maternity Benefits Rules)、現金による賃金の支払規（Payment of Wages by Cheque Rules）、子供の雇用制限通知（Restriction on Employment of Children Notification）、雇用場所の通知（Special Places of Employment Notification）が雇用法の中に組み入れられる形となりました。

雇用法の主な内容については、以下の通りです。

i　有期契約の労働契約の期間（雇用法14条、29条）

	配偶者がいない場合	配偶者がいる場合
16歳以上18歳未満	原則5年を超えない	原則5年を超えない
18歳以上	原則2年を超えない	原則3年を超えない

Ex）16歳から18歳の契約期間についての解釈［誕生日の日に雇用契約が行われたと仮定した場合］
　　16歳の場合　雇用契約期間は最大5年（配偶者がいない場合は4年）
　　17歳の場合　雇用契約期間は最大4年（配偶者がいない場合は3年）
　　18歳の場合　雇用契約期間は最大3年（配偶者がいない場合は2年）
　※雇用契約の更新は、自動更新が多いです。

ii　労働時間、休憩及び時間外、休日労働時間の限度
　①　1日につき6時間以上の勤務は休憩が必要。（雇用法65条1項a）
　②　労働時間は、1日につき8時間、1週間44時間とします。（雇用法65条1項b）

iii　割増賃金の支払基準
　割増賃金の支払基準は雇用法により定められています。

【割増賃金の種類と内容】

割増賃金の種類	内容
時間外勤務手当	労働日の時間当たり賃金額の1.5倍以上（雇用法65条4項）
休日労働手当	日曜日：労働日の時間当たり賃金額の2倍以上 日曜日とその他の特定曜日：労働日の時間当たり賃金額の1.5倍以上 （雇用法70条4項）

iv　雇用契約書
　使用者は、雇用する労働者と雇用契約書を締結し、以下の文言を明記

するものとします。

> 使用者の氏名・事業所名、労働者の氏名・住所、労働者の国籍、労働時間、給与額、教育訓練の方法、福利厚生、ブルネイ市民でない場合帰還の状態、特記事項　　　　　　　　　　　　　（雇用法11条）

ⅴ　給与の支払い

給与の支払いは、1ヵ月を超えない一定期間の中で定められた日に支払います。（雇用法37条）

割増賃金等以外の賃金は、一定支払期間の締切から7日以内に支払います。（雇用法39条1項）

割増賃金等の割増賃金は、一定支払期間の締切から14日以内に支払います。（雇用法39条2項）

ⅵ　雇用契約の解除について

労働契約の終了の事前予告通知の期間については以下のようになっています。（雇用法22条）

① 26週未満の雇用期間の場合：少なくとも1日前の通知
② 26週以上2年未満の雇用期間の場合：少なくとも1週間前の通知
③ 2年以上5年未満の雇用期間の場合：少なくとも2週間前の通知
④ 5年以上の雇用期間の場合：少なくとも4週間前の通知

（例外）予告なし解雇が可能な場合（雇用法23条）

予告期間と同等の額の賃金の支払いがあった場合は雇用契約を解除できます。

※時給・日給者は時給・日給の賃金、月給者は1ヵ月の賃金を基準とします。

ⅶ　傷病休暇

6ヵ月以上雇用されている労働者は、以下の傷病休暇が認められています。（雇用法72条1項）

【傷病休暇の日数】

	医師の診断がない場合	医師が必要と診断した場合
傷病休暇日数	年間14日	年間60日

viii 退職金

5年以上雇用されている労働者で年金の受給要件を満たす労働者は「従業員信託基金法（Tabung Amanah Pekerja Act CAP167）」に定める退職金を受け取る権利があります。（雇用法74条）

> 従業員信託基金法は、日本での公的年金制度にあたる退職金制度を定める法律です。ブルネイの公的年金制度は、プロデントファンド（一時払の強制貯蓄制度）であり、拠出と給付が表裏一体となっている制度となります。

ix パートタイマー

週30時間未満の契約で働く労働者をパートタイマーと定義します。（雇用法88条1項）

x 産前産後休暇

ブルネイでは産後8週間（56日間）の産後休暇が存在しています。

政府は、2011年1月1日に、「公務員のための産休規則2011（the Maternity Leave Regulation 2011 for Public Servants）」（以下、「公務員のための産休規則」という。）を施行し、180日以上働いているブルネイ法により合法的に結婚している公務員の女性に対する産休を8週間（56日）から産前2週間産後13週間の15週間（105日）に延長するとともに、民間部門におけるブルネイの市民と永住者の女性に対しても適用されることになりました。

国際労働機関（ILO）の勧告では、2000年6月に12週間の出産休暇を14週間に引き上げましたが、15週間という出産休暇はこの基準も満たしていることにもなります。ブルネイでは、この分野についての法改正が頻繁に行われ、現在のブルネイにおける女性の社会進出の一助となっております。

> 【ブルネイ市民、民間部門における永住者の出産休暇のルール】
> a 会社で180日以上勤務し、ブルネイ法により合法的に結婚している女性労働者が対象です。
> b 対象女性労働者は、合法的に結婚していることを証明する必要があります。
> c 対象女性労働者は、TAP登録者又は永住者に限ります。
> d 15週間の休暇の13週間は有給休暇とし、最後の2週間は無休とします。
> e 産休の最初の5週間の民間部門の従業員に支払われる給与の費用を政府が負担します。

(2) 賃金関係法

　ブルネイには最低賃金制度はありませが、他のアセアン諸国の賃金に比べると給与水準は、割高です。
また、労働者への賃金の支払方法は以下となっております。

【労働者への賃金の支払方法】
a　ブルネイの銀行の本人口座への支払いとする方法。
b　小切手により本人へ支払う方法。

(3) 労働安全関係法

　特定有害廃棄物等の輸出入に関する決まり事については、ブルネイは、2002年12月にバーゼル条約に加盟しておりますので、条約締結国との輸出入についても問題なく行うことができます。国内法としては、法律ではなく、「産業開発に関する公害防止ガイドライン（Pollution Control Guidelines on Industrial Development）」という規則によって運用されている状態が続いている状態です。

　バーゼル条約下での輸入統計としては、ブルネイへの輸入について、現在のところ違反データはないことが確認されています。また、ブルネイからの輸出についても、自動車燃料の汚染例、活性化炭素、汚染水銀、混合鉛等10件程度の違反データが認められている程度です。有害物質を輸入、貯蔵及び使用する必要のある産業は、当該物質の安全性に関する資料を管轄行政に提出し、認可を受ける必要があります。

(4) 労使関係法

　労使関係法としては、「労働組合法（TRADE UNIONS ACT CAP128）」が存在し、労働者の交渉権を具体的に保障する法律となっております。労働組合法には、いわゆる労働三権の団結権、団体交渉権、団体行動権（ストライキ）のうち、団結権、団体交渉権については明記してありますが、団体行動権についての明記はありません。日本でいうところの労働関係調整法にあたる法律が存在しないことになります。実務上の解釈では、ブルネイの労働組合がほとんど存在しないため、2011年10月現在、ストライキがおこっておらず、不明確なところがあります

が、ストライキは違法とする説が多数となっております。

> 【労働組合法より】
> a　労働組合は、政府に登録する必要があります。
> b　軍隊以外の公務員を含む労働者は、労働組合を形成し、参加することができます。
> c　労働組合は、政府から独立しています。

cf.　関連法
・労働組合登録規則（Trade Unions Registration Regulations）
・労働組合会計規則（Trade Unions Accounting Procedure Regulations）

(5)　女性・年少者および社会的弱者保護関連法

i　女性

　非イスラム教徒の既婚女性の諸権利とそれに付随する事項を守るための法律である「1999年既婚女性法（MARRIED WOMEN ACT CAP190）」では、家庭内暴力（ドメスティックバイオレンス）があった場合の女性の権利と非イスラム教徒の既婚女性の権利などが定められ中東のイスラム社会と比較すると女性は高いステータスを持っています。

ii　年少者

　ブルネイの雇用法では、16歳未満の子どもの雇用を禁止しており、労働委員会の親の同意と承認がなければ16歳以上18歳未満の子供は働くことができません。

iii　障がいをもつ人々

　法律はなく、取り組みはまだ十分ではないものの、2007年12月に障害者権利条約に批准し、政府は、参加国として障がいを持つ人々への法令、規制、慣習や慣行を開発することが求められています。

(6)　労働紛争解決関連法

　ブルネイ市民は、半数が政府機関に勤務しており、労働条件も国で定められているため、労働紛争の対象となるのは、外国人労働者が多数となっております。国際化に対応するため、2009年より労働法の改正を行った結果、外国人労働者の紛争案件が改善されて、未払賃金等の労働紛争が激減しています。

【外国人労働者による労働紛争案件】

	2008年	2009年	2010年
未払賃金	273件	81件	30件
契約の終了時の帰路の母国への未提供	21件	11件	6件
未払賃金及び契約の終了時の帰路の母国への未提供	137件	34件	43件

出所：ブルネイ労働局

　ブルネイの労働力人口は約188,000人程度で、外国人労働者約82,000人を合わせると総労働人口は270,000人となり、外国人労働者は全体の約33％すなわち3分の1を占めます。

【民間セクターの雇用状況】

	従業員数	産業割合	市民及び永住者	住民（外国人）
農業、林業および漁業	4,955	4.1	1,285	3,670
石油や液化天然ガスの生産	6,154	5.1	4,237	1,917
木材加工	796	0.7	131	665
鉱業、採石業、製造	13,020	10.7	2,929	10,091
建設	33,591	27.7	3,906	29,685
卸売小売業	21,091	17.4	8,382	12,709
飲食店、旅館業	11,934	9.8	3,602	8,332
輸送、保管及び通信	6,106	5	2,816	3,290
金融、保険	9,728	8	6,777	2,951
社会と個人のサービス活動	13,783	11.4	4,960	8,823
合計民間部門の雇用（全産業）	121,158	100	39,025	82,133

出所：ブルネイ労働局

　解雇の紛争要因となる解雇権濫用については、日本での「解雇権濫用の法理」のようなものはなく、労働局が個別に案件を審査します。

(7)　その他雇用労働に関する法令

　よく知られていることですが、ブルネイには、個人所得税がありません。このことは、日本でいうところの源泉所得税（＝給与に対する税金）もないことを意味します。法人税はありますが、進出企業は申請により法人所得税、機械輸入税、原材料輸入税が最大11年間免除となります。

　ブルネイでは外国人労働者の労働が不可欠となっており、政府は外国人労働者の雇用には柔軟な対応をとっております。ただ、近年、原住民優先の雇用慣行が進み、外国人労働者の雇用が難しくなる傾向がありま

す。労働には労働許可証必要ですが、職種によって有効期限が異なることはなく、有効期限は単一で2年以内とされています。雇用する現地の企業または現地お身元引受人が労働部に申請し、ブルネイ国内での就労が許可されます。就労パスを持つ労働者と同居の家族は、「扶養家族用の滞在許可証」を取得し家族ビザでの入国となります。

　会社の立ち上げ時に外国人労働者が必要な場合、会社の設立が正式に承認されるまでは労働許可証の申請はできません。

コラム

ブルネイの中央行政機関について

首相官邸（Prime Minister's Office）、外務省（Ministry of Foreign affairs & Trade）通信省（Ministry of Communications）、文化、少年スポーツ省（Ministry of Culture, Youth & Sports）、国防省（Ministry of Defence）、開発省（Ministry of Development）、教育省（Ministry of Education）、財務省（Ministry of Finance）、保健省（Ministry of Health）、内務省（Ministry of Home Affairs）、産業資源省（Ministry of Industry and Primary Resources）、宗教省（Ministry of Religious Affairs）、法務省（Judicial Department）

※内務省　Ministry of Home Affaire　・・・労働局は内務省の一部

2　社会保障関連法

　ブルネイは、無料の教育・医療制度が特色です。また、ブルネイの年金制度は、北欧並みの社会保障といわれる制度の中で運用されています。老齢障害年金法は、既に1984年の独立時に導入済みですが、既存の年金制度を補う形で被用者信託基金制度が1992年に創設されました。

(1)　年金制度

　ブルネイの公的年金制度は、老齢年金、障害年金（障害一時年金）、遺族年金から構成されています。

i 老齢年金

　ブルネイの年金制度は、現在、公務員も民間も一本化され、「年金法（PENSIONS ACT CAP38）」と「従業員信託基金法（Tabung Amanah Pekerja Act CAP167）」により運用され、外国人は除外とされています。従業員積立基金（TAP）に加えて補足拠出年金（SCP）の付加年金制度があります。

項　目	内　容
保険料 （従業員積立基金 TAP）	被保険者負担：毎月給与の５％（最低積立金月80ブルネイドル） 事業主負担：毎月給与の５％（最低・最高積立額なし）
保険料 （補足拠出年金 SCP）	被保険者負担：毎月給与の3.5％ 事業主負担：毎月給与の3.5％
加入対象者	平成5年1月1日以降採用の公務員、ブルネイ市民及び永住者。
受給要件	ブルネイで生まれた者：10年以上の居住要件 ブルネイで生まれてない者：30年以上の居住要件
受給時の要件	ブルネイに居住していること
受給開始年齢	原則60歳（退職かどうかは問わない）。早期退職は50歳から支給可能。
老齢年金額	積立総額に金利を複利で計算したものを支払います。金利は、毎年変動。 ※ブルネイから永住移住する場合は、年齢に関わらず、一括払い清算。 ※少なくとも150ブルネイドル/月、最長20年間の支給。（補足拠出年金 SCP）
途中引出	10年以上積み立てがあり、積立口座に40,000ブルネイドル以上の金額がある者は、家の建築または購入のために全資産の45％を限度として引き出しが可能。ただし、引き出しは、55歳までの請求として生涯に1回のみとします。

ii 障害年金

　ブルネイの障害年金は一時的な障害年金と恒久的な障害年金から構成されています。受給対象者は、障害時に被保険者であり、障害前の10年にブルネイに居住している、働くことができないことです。

【一時的な障害年金】

項　目	内　容
一時的な障害年金の額	障害が始まる前の6ヵ月の平均月収の67％。最大月130ブルネイドル。

【恒久的な障害年金】

項　目	内　容
受給要件	一時的な障害年金が支払われた6ヵ月後の障害の状態による。医師が判断。
障害年金の額	250ブルネイドル/月

iii 遺族年金

遺族年金は、被保険者の扶養家族の配偶者と21歳未満の子供に支払われます。

項　目	内　容
遺族給付金 (従業員積立基金 TAP)	被保険者負担分、事業主負担分、金利を合わせて一括して支払います。 ※金利は、年によって異なります。
遺族給付 (補足拠出年金 SCP)	死亡年齢が退職年齢前の場合：死亡の日から15年間、最高400ブルネイドルが支払われます。 死亡年齢が60歳から75歳の場合：残高を毎月分与する形で支払われます。 死亡年齢が75歳以上の場合：口座残高が一括して支払われます。
支払先（受給遺族）	親族または指定された生存者へ支払われます。

(2) 医療保険制度

ブルネイの医療保険制度は、ブルネイ市民には無料で、外国人の従業員は、最小限の料金を支払う。ブルネイで利用できない医療は政府の費用で海外（シンガポールが多い）で実施されます。また、病院がない農村部にはヘリコプターで最寄りの病院に患者を移送するフライング医療サービスがあるなど、至れり尽くせりの制度となっています。

全ての政府系病院において、出産医療は国際水準であるWHO／UNICEFの10の手順を採用しています。

(3) 失業保険制度

ブルネイには失業保険制度がありませんが、雇用（採用）はブルネイ市民が優先されるため、失業状態が継続することも少なく、また、国王の国民支持率が100％であることを鑑みると、失業ということが市民の生活不安には直結していないようです。現在、法律の制定の議論も全くおこっていません。

⑷　労災補償制度

　日本の労働者災害補償保険法にあたる「労災補償法（Workmen's Compensation Act CAP 74）」が1957年に施行されました。企業に雇用されている被用者だけでなく、公務員にも適用されます。ブルネイの市民または永住者である全ての従業員を対象としており、業務上の事故のみならず、業務上の職業性疾病についても労働者への補償金を支払うこととなっています。ただし、ブルネイでは労働者が過労になる事案がほとんど存在しません。

3　労働者福祉関連法

　ブルネイには、低所得者を保護する法律はありませんが、スルタンは、障がい者の保護に努め、障害年金の金額は、数年毎に増している状況です。石油国から脱却し、政府以外の民間部門の強化する一環として、低所得者層に対する所得改善計画が立てられています。政府方針では、第一は、「訓練及び仕事の計画」の改善、第二は、低所得者の専門知識と資格取得を強化するために、民間部門で働いているブルネイ市民に海外や国内で勉強を続けさせるためのスカラーシップの形での「人的資源育成計画」、第三段階として、低所得者層の教育のための「教育手当の創設」。この教育手当は、民間部門で働き、従業員積立基金（TAP）に実際に加盟している国民並びに居住者の子供達にも広げられ、2012年1月1日付で施行。

4　職業能力開発関連法令

　ブルネイには義務教育はありませんが、教育は無料です。こういった教育サービスは主に石油生産の収入から政府によって賄われています。

　初等教育6年間・中等教育3年間を経た後、一部が専門学校へ進み、その他多数は高等教育3年間を経ます。その後、大学へ進む者、専門学校及び教育訓練学校へ進む者に分かれ、社会へと旅立ちます。

　政府は、求職者の能力を向上させるための技術や職業訓練機関を増強

しており、ブルネイ工科大学は、石油化学、土木工学、機械工学やコンピュータ研究等の職業教育システムを2012年までに完了させ、現在の10名から2018年には最小各40名最大各60名の学生を卒業できるような計画を進行中です。

また、2011年8月には、学校職業訓練制度（Work Training Scheme）が、地元企業との連携に成功し、6ヵ月のon-the-job trainingを受け、失業者に雇用能力をつけてもらおうという試みがなされるなど職業訓練に積極的に取り組んでいます。

5　労働事情

ブルネイでは2010年1月まで定年が55歳とされていました（現在、定年は60歳です）。その影響で、55歳以上の外国人労働者に就労ビザは許可されにくい傾向にあります。ただし、専門職等で一時的な雇用の場合、許可されやすい傾向にあります。

事業主は、「労働割当許可申請書」に雇用者の人数、国籍、役職、職業等をの事項を明記し、労働局に雇用申請をし、次に、「就労パス申請書」に氏名、国名、年齢等労働者に関する事項を明記し、ブルネイでの雇用許可を労働局から得るという流れになります。また、ビジネス目的の場合には、訪問ビザ又は雇用ビザの申請が必要になりますが、日本とブルネイは査証免除措置国のある国ですので、14日以内の滞在であれば、商用、会議、観光、親族・知人訪問等を目的とする場合には、入国に際して査証を取得する必要はありません。

6　労働・社会保障法令の改正動向

現在、スルタンの家事労働者を含む世界中の家事労働者の労働条件を改善することを目的として国内労働者に関する条約の批准に力を入れています。政府は、児童労働や女性労働者の地位向上について積極的な姿勢をとっており、平和で穏やかな国民生活に寄与すると考えています。

一方、フィリピンからの家事労働者やインドネシアからの出稼ぎ労働

者（主に石油関係の期間労働者、建設関係の期間労働者、看護婦、農園労働者、ドライバー）が増加しており、外国人への配慮するためまたは就労許認可基準の制定のための各国大使館レベルでの協定書作成の必要性が叫ばれています。

　既にフィリピンとの間では、2011年1月にブルネイ国内で働くフィリピン人労働者の保護のために休暇や緊急の用事のためにフィリピンへ一時帰国するフィリピン労働者の文書（海外雇用証明書）の要件が整備されたところですが、臨時の労働力を外国人労働者依存するブルネイでは今後もこのような取り組みが重要視されるでしょう。また、最低賃金に関する法律の制定にも今後注目したいところです。

コラム

査証免除措置について

　2011年5月現在、日本は61の国・地域について、商用、会議、観光、親族・知人訪問等を目的とする在留資格「短期滞在」に該当する場合査証免除措置を実施しています。アジア地域では、シンガポール、ブルネイ、韓国、台湾、香港、マカオの6地域と結んでいます。以外に知られていませんが、ブルネイはこの6地域の中に入っています（1986年6月2日発効）。シンガポールが3ヵ月、その他の4地域が90日間の免除期間であるのに対して、ブルネイの免除期間は14日間と少なめになっております。査証免除措置を受ける際に留意する事項としては、ブルネイの場合では、出国用航空券の所持と滞在費の証明が求められることになります。

【参考資料】
ブルネイ労働局〈http://www.labour.gov.bn/〉
ブルネイ内務省〈http://www.home-affairs.gov.bn/〉
ブルネイ保健省〈http://www.moh.gov.bn/〉
「国際通貨基金カントリーレポート」/June 2011, IMF Country Report No. 11/140
『THE BRUNEI TIMES（ブルネイタイムズ新聞）』2011.8.20.
『THE BRUNEI TIMES（ブルネイタイムズ新聞）』2011.10.1.

ベトナム社会主義共和国
Socialist Republic of Viet Nam

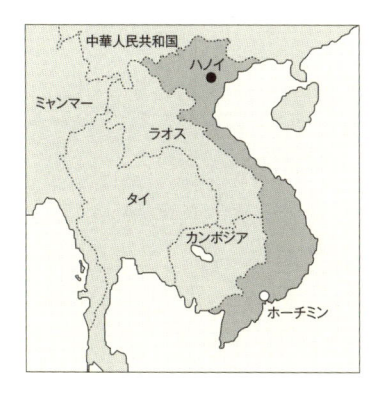

執筆者：政岡　英樹

Ⅰ——ベトナムの概況

　ベトナムはインドシナ半島の東部を占め、南北に1650kmと長く地域によってかなり気候が違います。南部に位置するホーチミンでは、5月から11月は雨季にあたり、12月から4月までは乾季にあたり、年中30度近い気温です。北部にある首都ハノイは、四季（春-4月、夏-5～9月、秋-10月、冬-11～3月）があります。西は、ラオスやカンボジア、北は中国と国境を接しています。東は南シナ海に面していて、中国との領有権の問題があります。ベトナムの総面積は約32万9,241km²で日本の総面積のおよそ90％の面積です。総人口は約8,579万人です。キン族（総人口の約90％）の他に53の少数民族が暮らしています。

　首都ハノイが政治・文化の中心で、公用語はベトナム語が使用されています。通貨の単位はドン（Dong）が使用されています。商業都市として栄えているのはホーチミンです。

　主な産業は農業・水産業や鉱業、製造業で、主な貿易の相手国は米国・日本・中国や台湾です。

　ベトナムは、国家として確認されている文朗国から5000年もの長い歴史を持つ国です。紀元前207年には秦の始皇帝の死後、南海郡の軍事長官であったチョウダ（趙佗）が南越国として建国したことに始まります。その後は中国に建国された漢によって支配され、約1000年にわたり中国の支配をうけることになります。ベトナムが中国から独立したのは、唐が末期の状態にあった939年、ゴ・クエン（呉権）の指導によるものです。

　1884年には、ベトナム王朝の混乱に乗じてフランスが軍事力を背景に条約締結。これによりフランスの植民地となり、第二次世界大戦を踏まえて1945年9月2日にはホー・チ・ミン氏により「ベトナム民主共和国」の独立宣言が行われました。その後もフランスが植民地化を試みたため1946年にインドシナ戦争が始まりベトナム戦争へと繋がっていくことになります。

そのベトナム戦争は、1975年4月30日に終結し、1976年7月2日にベトナム社会主義共和国として成立しました。

社会主義国陣営にとって1980年代から1990年代初頭にかけての改革開放の流れを受け、ベトナムにおいても1986年の第6回党大会でドイモイ（刷新）を宣言し、市場経済の導入など経済面の規制緩和を進めました。

ドイモイ政策の4つの柱は、①社会主義路線の見直し、②産業政策の見直し、③市場経済の導入、④国際協力への参画、となっています。こうした政策転換により、外交関係が改善され1992年には日本のODA(政府開発援助)の再開、1994年には、アメリカの経済封鎖（エンバーゴ）が解除され、アメリカとの国交が樹立されました。また、1995年ASEAN（東南アジア諸国連合）にも加盟しています。さらに、2007年にはWTO（世界貿易機関）にも加盟しています。このWTO加盟により外資系小売業の100％外資での市場参入が2009年に自由化され日本でも多くの小売業が参入し始めています。

コラム

　福島原発の事故を受けて、地震や津波について心配されていることと思います。

　筆者がベトナムのハノイで慶応大学にも留学経験のあるコメの貿易をされている方から伺うと、「ハノイ市民は地震のない国だからそれは心配していません。ただ国土は海に面している部分が多いので、津波は心配です。」とのことでした。また、そこまでして原発が必要ですかと伺うと、「現在ハノイとホーチミン間を電鉄で30時間以上かかっている、新幹線を導入することによって8時間で行けるようになる。しかし、新幹線は、かなり電力が必要なので原発が必要になる。」とおっしゃっていました。

第3章　加盟10ヵ国の概要

■**ベトナムの基礎データ**

国名	ベトナム社会主義共和国 Socialist Republic of Viet Nam
国土面積	32万9,241平方キロメートル　日本の約90％
人口	約8,579万人（2009年4月1日時点国勢調査） 人口増加率：1.2％（過去10年平均）
首都	ハノイ
民族	キン族（越人）約86％、他に53の少数民族
言語	ベトナム語
宗教	仏教（80％）、カトリック、カオダイ教他
政体	社会主義共和国
政権党	共産党（唯一の合法政党）
主要産業	農林水産業、鉱業、製造業
GDP（2010年）	1,981兆ドン（約1,015億米ドル）
一人当たりGDP（2010年）	1,168米ドル
GDP成長率（2010年）	6.78％（2009年は5.32％）
消費者物価上昇率（2010年）	11.75％（対前年末比）（年平均指数9.19％）
失業率（2010年）	2.88％（都市部：4.43％、農村部：2.27％）（不完全就業率4.5％（都市部：2.04％、農村部：5.47％））
貿易額（2010年）	輸出：716億ドル（対前年比　25.5％減） 輸入：840億ドル（対前年比　20.1％減）
主要貿易品目（2010年）	輸出：縫製品、履物、水産物、原油等 輸入：機械機器（同部品）、鉄鋼、石油、布等

主な貿易相手国 （2009年）	輸出：米国、日本、中国、スイス、オーストラリア（スイスは金の大量輸出という特殊要因によるもの） 輸入：中国、日本、韓国、台湾、タイ
通貨	ドン（Dong）
為替レート	1ドル＝19.500ドン（2011年1月）（ベトコムバンク）
日本の援助実績	1992年11月以降経済協力再開。日本はベトナムにとって最大の援助国。2009年度の円借款は1,456億円（交換公文ベース）に達し、過去最高額となった。 無償資金協力　28.26億円 技術協力　　　61.42億円
主要援助国（2009年）	(1)日本　(2)フランス　(3)ドイツ　(4)英国　(5)米国
対日貿易（2010年、越統計局）	輸出　77.3億ドル（対前年比　22.9％増） 輸入　90.2億ドル（対前年比　20.7％増）
主な対日貿易品目	輸出　縫製品、電気ケーブル、機械機器・同部品 輸入　機械機器・同部品、電子機器・同部品、鉄鋼
日本からの直接投資 （2010年、越統計局）	22.1億ドル（認可額）
在留邦人数	8,543人（2010年10月1日現在）
在日ベトナム人数	41,781人（2010年末現在）

出所：外務省

II──労働法・社会保障法の概要

　現在のベトナムの労働法は、基本的構造として労働法典、労働組合法、労働紛争解決手続法令からなります。また、ベトナムの社会保障制度は、2006年7月12日に公布された「社会保険法」71/2006/QH11になります。

1　労働関係法

　労働法典は、ドイモイ路線によりこれまで個別にあった法規関係を取り込み1994年に大成されたものです。その後も取り込んだ法規関係の整合性のため2002年に一部改正し、さらにストライキが多くなるに従い2007年にも大幅に改正されました。

　労働組合法は、1957年に施行されたものを、ドイモイ路線における市場経済的な労使関係の内容にするため1990年に改正されました。

　労働紛争解決手続法令は、市場経済的な労使関係となり紛争が多くなることにより1996年に公布されました。

(1)　労働基準関係法

　ベトナムの労働基準は、労働法典に規定しています。本法は、国営企業、民営企業、外国資本企業等を問わず、全ての労働者に適用します。また、労働契約に基づいて労働者を雇用している団体、個人についても適用されます。

　以下、労働基準関係の主要な法規である労働契約、試用期間、労働時間、休憩・休日、休暇、退職・解雇、就業規則について触れておきます。

i　労働契約

　労働契約の形態は、①期間の定めのない契約、②12ヵ月から36ヵ月までの期間の定めのある契約、③12ヵ月未満の季節労働又は特別の業務についての契約の3種類です。②及び③について期間が満了した時の更新については、契約終了日から30日以内に新たな契約を締結しなければなりません。新たな契約を締結しない場合は、①の期間の定めのない契約

となります。また、新たな契約が②又は③の期間の定めのある契約の場合、3回目の更新時には①の期間の定めのない契約となります。つまり、2回までは、有期雇用契約が可能です。③の12ヵ月未満の季節労働又は特別の業務についての契約には、注意が必要で軍隊への召集、出産休暇又は臨時休暇をとる労働者の臨時交替のときを除いて、その業務があきらかに通常1年以上続く業務に就かせる場合には契約することができません。

労働契約は、書面を作成しなければなりません。ただし、臨時的な労働、3ヵ月未満の労働の場合は口頭でもかまいません。契約内容は、次の通りです。

```
a   業務の内容
b   労働時間と休憩時間
c   賃金の額
d   就業の場所
e   契約期間
f   労働安全衛生に関する条件
g   社会保険
```

労働契約の締結については、締結した日、契約に合意した日又は就業を始めた日から効力が発生します。また、契約内容を途中で変更を求めるときは、3日以上前に予告しなければなりません。

予期せぬ困難事情または生産需要の変化に対応して年間60日以内を限度に臨時的に他の業務に変更することができます。その時は、期間を明示して、労働者の健康状態や性別に配慮し、3日前までに通知しなければなりません。また、他の業務に変更になった時は、新たな賃金となりますが、従前を下回る場合は30日間保証し、その後従前の賃金の70％相当以上の賃金を支払わなくてはなりません。

ii 試用期間

試用期間は、30日を超える期間の契約はできません。ただし、高度な専門的な技術を要する業務については60日まで可能です。試用期間のうちにお互いが合意して定めた仕事の成果を達成できなかったときは、予告や手当がなく契約を解除できます。その間の賃金は、通常の労働者の

70％以上でよいことになっています。

iii　労働時間

労働時間は、1日8時間、週48時間を超えてはならないことになっています。なお、労働傷病兵社会問題省及び保険省が有害又は危険な業務としてリストに挙げている業務につく労働者には1時間又は2時間短縮することとされています。

時間外の残業について1日4時間、年間200時間を超えない範囲で労働者との協定を結ぶことになります。なお、輸出関連業務などの特別な場合は年間300時間の時間外の残業が可能となります。

深夜労働時間は、地域や天候により午後10時から午前6時までと午後9時から午前5時までとがあります。

iv　休憩・休日

休憩時間について、引き続き8時間労働する労働者は、30分以上の休憩をとらなければなりません。なお、休憩時間は労働時間として計算されます。夜間の交代制による場合は、45分以上の休憩時間をとらなければなりません。また、交代制勤務の間には12時間以上空けなければなりません。

休日は、週に1日（引き続く24時間）以上、定期にとらなければなりません。雇用主は、定期の週休がとれない場合には、各月に4日以上の休日がとれるようにしなければなりません。

また、次の通り国が定める休日があります。この休日には有給で休ませなければなりません。

　New Year's Day（新年）：1日間（1月1日）
　Lunar New Year（Tet）（旧暦正月）：4日間（2月頃）
　Victory Day（戦勝記念日）：1日間（4月30日）
　Labour Day（レイバーデー）：1日間（5月1日）
　National Day（独立記念日）：1日間（9月2日）

ｖ　休　暇

①　有給休暇

有給休暇は、12ヵ月勤務した者に12日間与えなければなりません。その後は、5年勤務毎に1日追加されます。ただし、次の者はそれぞれの日数を有給休暇として与えなければなりません。

・困難、有害又は危険な業務に就く者 ・困難な生活条件の地域で働く者 ・18歳以下の者	14日間
・特に困難、有害又は危険な業務に就く者 ・困難な生活条件の地域で困難、有害又は危険な業務に就く者	16日間

　有給休暇の取得日については、労働組合の執行委員会との協議を経て企業が時期を指定することができます。また、遠隔地で勤務する労働者にはその求めに応じて2年分の有給休暇をまとめてとらせなければなりません。労働者が3年分をまとめてとることを求める場合は雇用主の判断によります。

　有給休暇の買い上げについて、事前に休暇の日数分の賃金を支払うことができます。また、旅費については合意により支払うことができます。

　② 慶弔休暇など

　次の場合は、有給で休暇をとることができます。

・労働者の結婚：3日間
・労働者の子供の結婚：1日間
・両親（義理の両親を含む）、夫、妻、子供の死亡：3日間

　他に、労使協定により無給の休暇を設定することができます。

vi 退職・解雇

　退職は、労働者から一方的に退職を申し出ることができますが、少なくとも45日前までに申し出なければなりません。また、病気や事故で6ヵ月連続して治療を受けていた労働者は、少なくとも3日前までに申し出なければなりません。

　12ヵ月から36ヵ月までの期間の定めのある労働契約又は、12ヵ月未満の季節労働若しくは特定業務の契約の労働者については以下の理由が必要です。

① 労働者に仕事や職場が与えられないとき、または労働条件が確保されないとき
② 労働者が労働契約した賃金が受けられないとき
③ 労働者が虐待を受け、又は強制労働させられたとき
④ 労働者の個人的な理由により継続が困難なとき
⑤ 労働者が政府機関の役員に指名されたとき
⑥ 女性労働者が妊娠し、医師の支持で就業が続けられないとき
⑦ 病気、事故で治療のため連続して就業ができないとき

連続して就業できない日数については、契約期間によって次のように区分されています。

・12ヵ月から36ヵ月までの期間の定めのある労働契約の場合、3ヵ月間
・12ヵ月未満の季節労働又は特定業務の労働契約の場合、契約期間の4分の1の期間

なお、それぞれに予告期間があり①、②、③、⑦に関しては3日前までに申し出なければなりません。④、⑤の場合は、12ヵ月から36ヵ月までの期間の定めのある労働契約の場合、少なくとも30日前までに、12ヵ月未満の季節労働又は特定業務の労働契約の場合は、少なくとも3日前までに申し出なければなりません。⑥の場合は、医師が指示したときに申し出なければなりません。

解雇については、次の場合に雇用主は解雇できます。

① 労働者が契約した仕事ができないとき
② 制裁措置として解雇がなされるとき

制裁措置として解雇がなされるのは次の通りです。

・盗みや横領、機密情報の漏洩、企業に重大な損失を与えたとき
・制裁措置を受けている間に同じ違反行為をおこなったとき
・無断欠勤が月累計5日又は年間累計20日となったとき

③ 病気により各期間経っても労働に就く見込みがないとき

期間の定めのない労働契約	12ヵ月以上
12ヵ月から36ヵ月までの期間の定めのある労働契約	6ヵ月以上
12ヵ月未満の季節労働又は特定業務の労働契約	契約期間の半分以上

④　自然災害、火災その他の災害で雇用主が克服するための努力をしたが回復が見込めないとき

⑤　企業が活動をやめたとき

　解雇手続きは、④、⑤の場合を除き、解雇する場合は、労働組合の執行委員会と協議し、合意を得なければなりません。合意が得られない場合は、地域労働行政機関に通知し30日後に雇用主は決定をすることになります。その決定にも合意が得られないときは、労働組合の執行委員会は労働紛争解決を申しでることができます。なお、解雇したときは労働行政機関に通知しなければなりません。

　解雇予告期間については、制裁措置として解雇された労働者を除き、下記の区分で行います。

期間の定めのない労働契約	45日前
12ヵ月から36ヵ月までの期間の定めのある労働契約	30日前
12ヵ月未満の季節労働又は特定業務の労働契約	3日前

　解雇制限について雇用主は、病気、労働災害、職業病で治療中、療養中の労働者を解雇できません。また、年次休暇中、慶弔休暇中、その他雇用主が認めた休暇中の労働者を解雇できません。

　女性労働者については、結婚や妊娠を理由に解雇できませんし、出産休暇中又は生後1年に満たない幼児の育児を理由に解雇することもできません。

　解雇無効は、法に照らして違反がある場合、雇用主は職場に復帰させなければなりません。その時は、労働者が働けなかった期間の給与と得られるはずの便益及び少なくとも2ヵ月分の給与を補償しなければなりません。労働者が復帰を望まない場合は、復帰する場合に補償する内容に加え離職手当を支払わなくてはなりません。また、労働者に法違反がある場合は、離職手当を受けられない他、給与の半月分の補償を雇用主にしなければなりません。さらに労働者が訓練を受けていた場合はその

訓練費用も補償することになります。

　離職手当については、1年以上雇用されていた労働者との雇用契約が終了するときには、1年勤務につき給与の半月分の相当額の離職手当を、1年以上雇用されていた労働者を解雇する場合は、1年勤務につき給与の1ヵ月相当額(最低保障2ヵ月分以上)の離職手当を支払わなくてはなりません。ただし、制裁措置として解雇を受ける労働者には、離職手当を支払う必要はありません。

　整理解雇について構造的に又は技術の変化にともない大量に解雇しなければならないときは、労働者のリストを作成し、労働組合の執行委員会と協議し、合意後に労働行政機関に通知し解雇することになります。

vii　就業規則

　就業規則については、10人以上の労働者を雇用する企業は書面で作成し労働組合の執行委員会と協議のうえ、労働行政機関に登録しなければなりません。作成はベトナム語となり登録していなければ十分に効力が発生しません。

　就業規則には、次の項目が記載されていなくてはなりません。

①　労働時間又は休憩時間
②　服務規則
③　労働安全衛生
④　機密情報の保護
⑤　懲戒理由と制裁措置

　就業規則は、労働者に周知し見やすい場所に掲示することになります。⑤の制裁措置の種類について(a)戒告、(b)6ヵ月を超えない期間での昇給期間の延長、若しくは6ヵ月を超えない期間での賃金の低い仕事への配置転換又は異動、(c)解雇、の制裁があります。

　なお、制裁措置の適用は次の内容に限られます。

・盗み、横領、企業の機密事項の漏洩、その他企業財産、利益への重大な損失を与えたとき
・制裁措置として昇給期間の延長及び他の仕事への配置転換が行われ

ている期間中、同じ違反があったとき
・合法的理由がないにもかかわらず、累計月5日又は累計年20日欠勤したとき

> **コラム**
>
> 　元共産党員でお役所勤めをしていた方からお話しを伺いました。親もお役所勤めであったことからお役所勤めをしていたそうですが、お仕事の内容は、ホーチミン廟の入り口で門番をする仕事でした。よそ見もできず、蜂など飛んで来たときは辛かったですと語ってくれました。門番として出るまでには首を振ったりしないように襟首に針を付けて訓練もしたそうです。
> 　共産主義については、家族が幸せに暮らせて、安全で、経済発展ができるならば自由主義でもかまわないとのことでした。

(2) 賃金関係法

　政府は、労働者の賃金を保証するため最低賃金を定めています。最低賃金は、地域別、国内企業及び外資企業毎に定められています。下記の表が最低賃金を示したものです。

　なお、最低賃金には職業訓練を受けた労働者には7％以上を上乗せしなければなりません。

外資企業

	2010年	2011年1月1日以降
1種地域	134万ドン	155万ドン
2種地域	119万ドン	135万ドン
3種地域	104万ドン	117万ドン
4種地域	100万ドン	110万ドン

ベトナム国内企業

	2010年	2011年1月1日以降
1種地域	98万ドン	135万ドン
2種地域	88万ドン	120万ドン
3種地域	81万ドン	105万ドン
4種地域	73万ドン	83万ドン

1種地域：ハノイ市及びホーチミン市の各区
2種地域：ハノイ市の一部の郡部（ドンアィン郡、ソクソン郡、タンチー郡、トウリェム郡等）、ホーチミン市の郡部、北部ハイフォン市の一部の郡部、クアンニン省ハロン市、南部ドンナイ省ビエンホア市の区部、カントー市の区部　等
3種地域：ハノイ市の一部の郡部、北部バクニン省の一部（バクニン市・

ツーソン町・クエボー郡・ティエンズー郡・イエンフォン郡等)、各省直轄市、一部の中央直轄市(ハイフォン市、ダナン市、カントー市)の郡部、クアンニン省ウオンビー町、中南部カインホア省カムラン町、南部ラムドン省バオロック町、南部バリアブンタウ省スエンモック郡　等

4種地域：上記以外の地域

　企業は、賃金テーブルや給与支払い名簿などについて労働行政機関に登録し、企業内で公表しなければなりません。

　賃金の支払い方法については、時間基準(時間、日、週、月単位)、作業個数基準、仕事基準にするか選択することとなり、時間、日、週単位の場合は時間、日、週の終わりに支払うこととなります。合意により積立期間を設けることができますが、その場合でも少なくとも15日に1回は支払いの機会をつくらなければなりません。月給は、毎月又は半月単位で支払うこととなります。

　作業個数基準、仕事基準は合意により決めることができます。ただし、数ヵ月に及ぶ場合は月ごとの仕事量に応じ毎月の支払いとなります。

　労働者には、賃金を現金で直接、全額、一定の時期に職場で支給することとなります。一部小切手などで支払うこともできますが合意が必要です。また、1ヵ月以上遅延した場は国立銀行の発表している預金利息を用い利子相当額を補償しなければなりません。

　時間外割増賃金については、次の通りです。

通常の労働日	通常の賃金の150%相当額以上
週休日	通常の賃金の200%相当額以上
有給祝日又は休日	通常の賃金の300%相当額以上
深夜労働	通常の賃金の30%以上の加算

　ただし、補償のための代替休暇を与えたときは、通常の賃金額の部分は免除されます。

　休業補償は、雇用主の責によるものである場合は、全額補償しなければなりません。労働者の責によるものである場合は、当該労働者には支払う必要はありません。ただし、当該労働者の行為によって仕事ができ

ない状態となった労働者へは、最低賃金を下回らない範囲で合意に基づき賃金を決めることとなります。

また、電力や水供給などの不可抗力によるものである場合は、最低賃金を下回らない範囲で合意に基づき賃金を決めることとなります。

賞与は、与えなければならず、労働組合の執行委員会の意見を求め規定を定めなければなりません。

以前の労働法では、最低でも給与の1ヵ月分としていました。そのなごりで旧正月前に給与の1ヵ月分を賞与として年1回支給しているところが多いようです。

(3) 労働安全関係法

労働安全関係法は、労働法典の95条から108条に亘り記述しています。政府は、その他に実質的に効果を上げるために規定や規則、指針を作って労働環境の改善に努めています。

機械、設備、材料及び物質には、厳格な労働安全及び労働衛生の要件があるものもあり、これらは監督機関の許可を得なければなりません。その他に、職場の塵埃、放射、有害ガス、放射能、電磁波、熱、湿度、騒音、振動その他の有害要素について、防護服、防護具などにも言及しています。

また、労働者の雇入れ時の健康診断、定期健康診断の実施が定められています。

(4) 労使関係法

労使関係は、新たに設立された企業において6ヵ月以内に設立しなければなりません。その労働組合と雇用主側において労働協約を書面により締結する必要があります。また、労働協約の内容は労働組合の50％以上の承認を得なければなりません。

雇用主は、労働組合から労働協約について要求があるときは20日以内に交渉又は交渉の開始日を決めなければなりません。

労働協約の内容は、主に雇用への関与、雇用保証、労働時間、休憩時間、賞与、手当、労働ノルマ、労働安全、労働衛生、社会保険について

です。

　労働協約を締結すると、雇用主、労働組合、労働組合の上部組織、労働行政機関にそれぞれ渡す必要があります。

　労働協約の有効期間は、1年から3年です。ただし、初めて作成する場合は1年未満の有効期間のものも作ることができます。

(5)　女性、年少者および社会的弱者保護関連法

ⅰ　女性労働者

　女性労働者には、男性との平等に基づき、働く権利を保護するさまざまな施策が設けられています。例えば、監督機関は、女性労働者が結婚、妊娠、出産又は生後1年に満たない幼児を育児する理由で一方的に解雇又は契約を終了された場合は、その調査の期間一時的に解雇又は契約の終了を延長させます。女性労働者には、妊娠出産機能に有害な物質に暴露する可能性のある仕事には就かすことができません。女性労働者が就業する場所には、女性用の更衣室や浴室、便所を設けなければなりません。また、4ヵ月から6ヵ月の産前産後休暇は無給ですが、休暇を取得することができます。職場復帰も保証しなければなりません。

　妊娠7ヵ月以降及び生後1年に満たない幼児を育児する女性労働者には、時間外労働や深夜労働、遠隔地での労働はさせることはできません。

　重篤な作業に就いている女性労働者が妊娠7ヵ月に達したときには賃金はそのままで軽微な作業に配置転換し、労働時間を1時間短縮しなければなりません。

　生理中の女性労働者は、有給で30分間の休憩をとることができます。また、生後1年に満たない幼児を育児している女性労働者には、育児のための60分間の休憩が有給でとることができます。

　女性労働者が多い職場においては、保育園や幼稚園と時間的兼ね合いを考慮する必要があり、かつ費用の一部を援助する責任があります。また、女性労働者の問題を扱う幹部を指名しなければなりません。

ⅱ　年少労働者

　年少者は、18歳以下の労働者をいい、年少者を雇う時は、姓名、生年

月日、業務の内容、健康診断の結果を労働監督官に提出しなければなりません。また、困難、危険な作業並びに有害な物質に暴露する作業への就業は禁止されています。なお、15歳以下の子供の就労には両親又は保護者の同意が必要です。

労働時間については、1日7時間、週42時間以内で時間外労働も深夜労働にも就かせることができません。

iii 高齢労働者

高齢労働者とは、男性60歳、女性55歳を超えた定年に達した労働者をいいます。

高齢労働者の定年の前の年は、毎日の労働時間を減らすか、パートタイム労働者として仕事に就くことができます。定年後は新たに労働契約を結ぶこととなります。

iv 障害者の雇用

企業に障害者雇用率が設けられ達成していない企業は一定額を雇用基金に納付しなければなりません。なお、達成している企業には、報償があり、障害者雇用のため設備を整備するために必要な資金の低利融資があります。

労働時間は、1日7時間、週42時間以内となっています。

(6) 労働紛争解決関連法

労働紛争の対象は、雇用、賃金、報酬、その他労働条件、労働契約、労働協約、職業訓練から生ずる問題です。また労働紛争には、個々の労働者との個別労働紛争と労働組合との団体労働紛争があります。

i 個別労働紛争

個別労働紛争を解決する権限があるのは、①企業内労働調停委員会、②地方行政機関の労働調停官、③人民裁判所です。
企業内労働調停委員会は、労働組合のある企業に設置し労働組合の代表及び雇用主の代表の同数で構成されています。労働調停委員会は、労働者からの申し出に調停案を示して解決を図ることになります。

調停が不調の場合は、人民裁判所にその解決を求めることができます。

労働調停官は、企業内労働調停委員会がない場合にその解決を図ります。人民裁判所は、企業内労働調停委員会及び労働調停官が解決できないときにかかわることとなります。ただし、解雇による制裁措置又は労働契約の一方的な終了、労働契約の終了時の手当及び損害補償、社会保険については、直接人民裁判所に解決を求めることができます。

ii 団体労働紛争

団体労働紛争を解決する権限があるのは、①企業内労働調停委員会、②地方行政機関の労働調停官、③省レベルの労働仲裁委員会、④人民裁判所です。

労働仲裁委員会は、企業内労働調停委員会又は労働調停官において調停が不調の場合にその解決を図ります。労働組合は、労働仲裁委員会の裁定に異議がある場合、人民裁判所に解決を求めるかストライキをすることができます。

ストライキは、次の場合は違法です。違法ストライキには罰金があり、またストライキ中の給与は支給しなくてもよいことになっています。

・団体労働紛争によるものでない場合
・労働関係の範囲でない場合
・企業の範囲を超える場合
・労働調停委員会又は労働仲裁委員会が調査中の場合
・公的なサービス企業及び政府が指定する国家経済、国防などにかかわる企業の場合

なお、人民裁判所がストライキ及び団体労働紛争の最終的な判決を行う権限があります。

(7) その他雇用労働に関する法令

雇用主は、事業を開始してから30日以内に人を雇用する場合は労働行政機関に報告しなければなりません。また、雇用主は、労働者台帳、賃金台帳、社会保険台帳を作成しなければなりません。

ベトナムの労働法典には、労働者に兼業が認められています。なお、複数の雇用主と労働契約を交わすことができますが、労働者がその全て

の契約内容が行えなければなりません。また、労働者が別の代理人にさせることはできません。

　外国人が３ヵ月以上ベトナムの企業、組織又は個人に雇用される場合は、労働許可書が必要です。期限はその労働契約によりますが最長は36ヵ月です。ただし、以下の場合は労働許可証の取得を免除されます。
・２名以上で構成される有限会社のメンバーである外国人
・１名で構成される有限会社の外国人オーナー
・株式会社の取締役会メンバーである外国人
・サービス業でベトナムに入国している外国人

コラム

　経済成長とともに大きく生活環境が変わったそうです。夫婦共稼ぎが多く子供は同居している親が見てくれるそうです。これまでは、朝と夜、家族揃って食事をする非常に家族を大切にする習慣がありました。その気持ちは変わってないのですが、朝は出勤時間が違うことから最近では夜の食事のみを一緒にという家庭が多くなったそうです。また、朝も早く出勤し始業時間まで会社の前で椅子を持ってきて社員同士でコーヒーなど飲む習慣があります。ある外資系企業の役員が赴任してこられた時に、会社の前で集っているのでストライキかと驚くそうです。実際、ストライキは賃上げの時期に多いそうです。

2　社会保障関連法

　社会保障関連は、社会保険制度、医療保険制度、失業保険制度の３種類があります。社会保険制度には、①疾病手当金、②出産手当金、③労災保険、④年金制度、⑤葬祭手当の給付があります。

　疾病手当金は、療養のため就労できない期間を保障します。支給額は、基準給与の75％です。期間は職種や納付期間によって決められます。

　出産手当金は、出産時に基準給与の１ヵ月分及び休暇期間中は基準給与の100％が支給されます。

　葬祭手当については、葬祭を行う者へ支給されます。

(1) 年金制度

　年金制度は、社会保険制度の一つの給付の内容です。その対象は、労働契約の期間が3ヵ月以上又は期間の定めのない契約の場合に社会保険制度の適用を受けます。労働契約の期間が3ヵ月以下の場合は、任意に加入することができます。更新により期間の定めのない契約になったときは、社会保険制度の適用を受けることとなります。いずれもベトナム人のみが対象です。

　年金受給には、20年以上の加入が必要で、女性は25年間の加入で、男性は30年間の加入で最高額が受給できます。受給の開始は、男性60歳、女性55歳からですが、その年齢までに加入期間が15年以上あれば、低い額の年金受給があり、加入期間が15年未満の場合は、一時金の支給となります。

　社会保険の保険料率は、2011年では、企業側が16％、労働者側が6％の保険料負担となります。この保険料率は、2014年にかけて1％ずつ引き上げられ企業側18％、労働者側8％となります。

(2) 医療保険制度

　加入の適用を受ける労働者は、3ヵ月以上又は期間の定めのない労働契約のベトナム人労働者です。2009年10月からは、外国人の多いホーチミン市で外国人労働者も適用になりました。医療費を一旦全額負担し、その後に2割の払い戻しを受ける仕組みです。

　医療保険の保険料率は、企業側が2％、労働者側が1％となっています。なお、外国人労働者に関しては、企業側が3％、労働者側が1.5％となっています。

　なお、保険料の遅延には罰則があります。

(3) 失業保険制度

　労働契約期間が12ヵ月以上36ヵ月又は期間の定めのない契約のベトナム人労働者が対象となります。また、労働者が10人以上の企業が対象となります。失業までの24ヵ月中12ヵ月以上の保険料納付が給付の条件です。3ヵ月から12ヵ月間給付されます。

雇用保険料率は、企業側1％、労働者側1％となっています。

(4) 労働者災害補償保険制度

労働災害は、業務遂行性が問われます。つまり、就業の過程で発生した場合です。それとは別に起因性を問うものとして職業病があります。これは、有害な労働条件の影響で発生した病気をいいます。

労働災害も職業病も雇用主は治療費用の全てを負担しなければなりません。なお、社会保険給付で支給されますが、カバーできない分に関しては社会保障規則を定めてその相当額を支払わなくてはなりません。

給付内容に関しては、労働者が労働災害または職業病により労働能力の81％以上損なったとき、又は死亡したときは、給与の30ヵ月分以上を補償しなければなりません。ただし、労働災害または職業病が労働者の責任によるものであるときは、12ヵ月分以上の補償になります。また、労働能力が5％から81％まで損なった場合は、雇用主の補償の程度を規定に定めておく必要があります。

なお、労働災害および職業病は、日本と同じように報告義務があります。

コラム

　同居の親について尋ねると、長男と末っ子が引き取ることになっているそうです。次男は何にも役割がないそうです。場合によっては、長男家庭に夫婦の両親ともが同居するケースもあり親が4人居ることになります。
　ハノイでは高層の住宅を建てる家庭も多く、家族3世帯が住むために4階建てを建てるそうです。1階はお店にするそうです。

3　労働者福祉関連法

ベトナムの労働者福祉関連法は、労働法典に取り込まれ女性労働者保護規定、年少労働者保護規定、高齢労働者保護規定、障害労働者保護規定などの規定として残っています。

4　職業能力開発関連法令

　政府の監督下に職業訓練施設が登録されています。その施設での訓練生は13歳以上が対象です。また、企業は、企業内で他の仕事に異動させるときは、再訓練を受けさせる責任があります。

　企業が、訓練終了後に雇用する目的で訓練生を募集する場合は、訓練期間中の関与と終了後の雇用を約束しなければなりません。訓練生が訓練終了後にその企業との労働契約を拒んだときは、訓練生は訓練費用を補償しなければなりません。

5　労働事情

　ベトナムは人口が非常に若く、平均年齢が30歳前後です。人口構成は、0～14歳が24.9％、15～64歳が69.4％、65歳以上が5.7％となっています。工場労働者いわゆるワーカーは十分な労働人口がいますが、管理職・技術職の人材が乏しく、確保が困難になっています。

　労働コスト（人件費）の上昇は、政府が法的に最低賃金を上げているのと同時に毎年給与も上昇していることに原因があります。

　労働傷病兵社会福祉省によると2007年の労働者の給与は前年より10～12％上がり、平均月給は220万ドン（約138ドル）に達しました。国営企業が労働者に支給している給与の最高額は月額250万ドン（約156ドル）で、外資企業では平均240万ドン（約150ドル）、民間企業では平均180万ドン（約113ドル）となっています。

6　労働・社会保障法令の改正動向

　ベトナムの労働法は、1994年にこれまで個別に労働関係諸法令として公布されていた法規を集大成し直し、現在の労働法の基になっています。（1995年1月1日施行）社会保険制度に関してもその時に労働法典に取り込まれています。その後も各諸法令（民法や刑法、企業法などの改正による）との整合性や合理性の観点から2002年に多面的に改正が行われました。（2003年1月1日施行）さらに、多発するストライキに対して

現行の紛争解決手続きでは機能しないため2006年に23の条文から成る労働紛争の解決に関する規定を全面的に改定されました。(2007年7月1日施行)

コラム

　水の事情は悪く、各家には水を溜めるタンクを設置しています。ホテルでも水道水は飲めずペットボトルの水を購入して飲んでいる状態です。また電気の事情もまだ悪くホテルでもテレビが時折切れます。電気は水力発電と火力発電で火力発電の燃料は石炭のみと伺いました。石炭はたくさん取れるそうです。しかし、ハロン湾へ向かう途中、石炭が多く埋まる山々は削られていて茶色い土砂があらわになっているのを見ると、少し心苦しい思いでした。

【参考資料】
Ministry of Labour, War Invalids and Social Affairs［労働傷病兵社会問題省］
http://www.molisa.gov.vn/
Social Republic of Vietnam Government Web Portal［ベトナム社会主義共和国政府］
http://www.chinhphu.vn/cttdtcp/
CONSTITUTION（25/12/2001）［ベトナム社会主義共和国憲法］
LABOUR CODE OF SOCIALIST REPUBLIC OF VIETNAM（23/06/1994）［ベトナム社会主義共和国労働法典］
Law No. 35/2002/QH10（02/04/2002）
[Amending and supplementing a number of articles of the labor code]
Law No. 74/2006/QH11（29/11/2006）
[Amending and supplementing a number of articles of the labor code]
Law No. 71/2006/QH11（29/06/2006）
[Social Insurance Law]Socialist Republic of Vietnam, the Government Website
The Government Decree　No.107/2010/ND-CP（29/10/2010）
STIPULATING REGION-BASED MINIMUM WAGE LEVELS FOR VIETNAMESE LABORERS WORKING FOR FOREIGN-INVESTED ENTERPRISES, FOREIGN AGENCIES AND ORGANIZATIONS AND INTERNATIONAL ORGANIZATIONS AND FOR FOREIGNERS IN VIETNAM
The Government Decree　No. 127/2008/ND-CP（12/12/2008）
DETAILING AND GUIDING THE IMPLEMENTATION OF A NUMBER OF ARTICLES OFTHE SOCIAL INSURANCE LAW CONCERNING UNEMPLOYMENT INSURANCE
『ベトナム進出・投資実務Q&A』みらいコンサルティング、日刊工業新聞社、2010
『ベトナムの労働法と労働組合』斉藤善久、明石書店、2007

ミャンマー連邦共和国
Republic of the Union of Myanmar

執筆者：小堀　景一郎

I──ミャンマーの概況

　東南アジアの最西端に位置するミャンマーは、西側をインドとバングラディッシュ、北東部に中国、東南側にラオスとタイの5ヵ国と長い国境線に接しています。西南部よび南側は、切れ目のない美しい海岸線が1400キロ続きベンガル湾とアンダマン海に面しています。中国とインドとの国境線は2000キロ、タイとは1800キロの長い国境線となっています。国土はタイよりも広く日本の約1.8倍を有する資源豊かな国です。長い国境線をもつ中国、タイ、インドとの国境貿易も盛んに行われています。

　ミャンマーには130以上の少数民族がいて、その中には武装した反政府勢力も多く国として安定的に発展するためには内乱を防ぎ、現軍事政権の強力な支配が必要悪であるとの見方もあります。

　日本は1988年までは、最大援助国としてミャンマーの経済援助を続け、対ミャンマー外国援助の70から80％を占めていましたが、米欧の軍事政権非難と経済制裁に同調し、その後の援助は人道援助などの小規模な援助に留まっています。中国、インド、ロシアや隣国タイなど東南アジア諸国は経済制裁に同調していません。中国は、ミャンマーの豊富な天然資源の利権獲得に熱心で、その存在感が増しています。ミャンマー政府は、シトウェ沖の天然ガスを中国雲南省にパイプラインで輸出する利権など6鉱区の探索権を中国に与えていましたが、更に3鉱区の探索権を与えています。欧米のミャンマー経済制裁の続く一方で、中国は漁夫の利を得ているといえるでしょう。未開発の石油、鉱物、農業、海産資源が豊富なミャンマーには、中国を初め、タイ、インド、ロシアなどが関心を持ってミャンマーに近づいています。

　ミャンマー非難を続ける欧米諸国ですが、例えば英国は鉱業資源開発に日本の6倍以上の投資を行っていますし、経済制裁を主導する米国のシェブロンがフランスのトタル社と組んで、12億ドルの資金を投入してアンダマン海からタイまでの約700キロのパイプラインを建設、タイに

天然ガスを輸出しています。また、米国がヤンゴンに新たに大使館を新築したのも、資源豊富なミャンマーを重視している証でしょう。

　かってミャンマーはタイより経済力があり、日本の企業の進出も盛んでした。日本の大丸百貨店は東南アジアの第１号店としてヤンゴンに進出しましたが、その後大丸は撤退しタイのバンコクに移りました。他の日本企業もミャンマーから次々に撤退し、現在新規投資も低調な状態が続いています。日本の経済外交に、欧米諸国などの経済戦略を学んでほしいものです。

　ベトナムのダナンからラオスとタイを経由してミャンマーのモーラミヤインまで1450キロに及ぶ「東西回路」の開通により、地理的に、東アジア、東南アジア、西南アジアに接する資源豊かなミャンマーの将来性は明るいと思います。現在日本からの直行便がなく、バンコク経由のフライトで片道10時間を要する日本から遠いミャンマーですが、魅力ある投資先のひとつと考えられます。

第３章　加盟10ヵ国の概要

■ミャンマーの基礎データ

国名	ミャンマー連邦共和国 Republic of the Union of Myanmar
国土面積	68万平方キロメートル（日本の約1.8倍）
人口	532.2万人
首都	ネーピードー（旧首都はヤンゴン）
民族	ビルマ族69％、カイン族7％、アラカン族4.5％、カチン族1.36％、カヤ族0.41％、チン族2.19％、モン族2.42％、などその他多くの少数民族
言語	ミャンマー語
宗教	仏教90％、キリスト教5％、回教4％、ヒンドゥ教0.5％
略史	諸部族割拠時代を経て11世紀半ば頃最初のビルマ族による統一王朝（バガン王朝）が成立、その後タウングー王朝、コンパウン王朝等を経て、1886年に英領インドに編入され、1948年1月4日に独立
政体	大統領制、共和制
議会	二院制 上院（民族代表院）　定数224（選挙議席168、軍人代表議席56） 下院（国民代表院）　定数440（選挙議席330、軍人代表議席110）
主な産業	農業
ＧＤＰ（名目）	約342億ドル（2009年、IMF推定）
一人当たりＧＤＰ	462ドル（2008年、IMF推定）
ＧＤＰ成長率	7.9％（2009年、IMF推計）
消費者物価上昇率	7.9％（2009年、IMF推計）

失業率	約4.0％（2003年度ADB資料）
貿易額 （2009年）	輸出　約72億ドル 輸入　約40億ドル
主要貿易品目	輸出　天然ガス、豆類、宝石類 輸入　原油、機械部品、パームオイル、織物
主な貿易相手国	輸出　タイ、インド、中国、香港、シンガポール、日本 輸入　中国、シンガポール、タイ、日本、インド、マレーシア
通貨	チャット（Kyat）
為替レート	1ドル＝5.65チャット（公定レート）（2010年8月平均）
日本の援助実績	有償資金援助　　0円 無償資金協力　　25.94億円 技術協力　　　　18.11億円
主要援助国	1　日本　2　英国　3　米国 4　オーストラリア　5　スウェーデン
対日貿易	輸出　179.3百万ドル 輸入　191.0百万ドル
主な対日貿易品目 （2008年、ミャンマー政府）	輸出　衣類、海産物、履物 輸入　自動車、機械類
日本からの投資	212百万ドル（1988年以降現在までの累計）
在留邦人数	516人（2010年10月現在）
在日ミャンマー人数	8,366人（2010年7月末現在、外人登録者数）

出所：外務省ホームページ、他資料に基づき作成

Ⅱ──労働法・社会保障法の概要

　ミャンマー投資のデメリットの一つに、法の未整備に加え新たな規則や通達も明文化されない場合が多いと指摘されています。また、重要な法律の変更が突然行われることもあります。情報公開を行なっていないことから、労働法および社会保障法についてもその概要は限られています。2015年のアジア共同体のメンバーとして、あるいは経済発展のためにも外国投資を促進する必要があります。他のアセアン諸国同様に、法の整備が行われ、公開されると考えられますので、今後とも注視したいところです。歴史的には英国植民地時代に英領インドで形成されたインド法典を移植したビルマ法典（The Burma Code全13巻、計30篇）が独立後1958年まで制定法として適用されてきました。1962年以降ビルマ法典の変化を凍結しました。1988年軍政以降の市場経済に対応した基本法規の制定が必要とされています。労働法・社会保障法関連法についても、主なものはビルマ法典第5巻に収められていますが、その多くは廃止されたままです。

1　労働関係法

　工場法（The Factories Act 1951）、休暇および祝日法（The Leave and Holidays Act 1951）、賃金支払法（The Payment of Wages Act 1951）などがあります。

(1)　労働基準関係法

ⅰ　労働時間

　1日8時間、週48時間となっています。ただし、工場法では1日8時間、週44時間と定められています。18歳未満の年少者の法定労働時間は不明です。

　時間外割増賃金は、祝祭日に働かせた場合には通常賃金の2倍を支払う必要があります。

ii 休日・休暇

祝祭日の休日は有給扱いとなります。

休暇は、臨時休暇6日、医療休暇30日、有給休暇10日取得できることまでは判明していますが、取得要件など具体的な内容は不明です。概要で述べたように、上記以外の詳細は公開がないため不明です。

（注）概要で述べたように、詳細の公開がないため、他の労働基準の規定は不明

【表1　2011年祝祭日】

1月4日（火）	独立記念日 Independence Day
1月5日（水）	カレン族新年 Karen New Year
2月12日（土）	連邦記念日 Union Day
3月2日（水）	農民の日 Peasant's Day
3月19日（土）	タバウン祭り Full Moon of Tabung
3月27日（日）	国軍記念日 Armed Forces Day
4月12日（火）～4月21日（木）	ミャンマー新年休暇（水祭り含む）Water Festival
5月1日（日）	レイバー・デー World Worker's Day
5月17日（火）	仏誕節
7月15日（金）	入安祭 Fullmoon of Waso
7月19日（火）	殉教者の日 Martry's Day
10月12日（水）	安居明け火祭り
11月10日（木）	火祭り
11月20日（日）	ナショナル・デー National Day
12月25日（日）	クリスマス Christmas Day

出所：アセアンセンター

(2)　賃金関係法

最低賃金法はなく、国営企業の精米業およびタバコ製造業についてのみ最低賃金が定められています。賃金は雇用時に使用者と労働者の間で業務内容、職務、経験などに基づき取り決めています。

・賃金支払法（Payment of Wage Act 1936）

インド法と共通の法で、賃金の計算期間、支払い時期などを定めています。

(3)　労働安全衛生関係法

産業起業法、ボイラー法、電気法などにより、安全衛生基準が定めら

れています。
(4) 労使関係法
現在労働組合は認められていません。
(5) 女性、年少者および社会的弱者保護関連法
・少年法（Child Law 1993）

16歳未満の子供および16歳以上18歳未満の少年の権利の保護などを定めている。
(6) 労働紛争解決関連法
労使の労働紛争の解決には、最初に労働事務所に調停の申出を行います。調停が成立しない場合は、仲裁を地方紛争委員会（Township Trade Dispute Committee：TDC）に申出し、仲裁が受け入れない場合、紛争上訴委員会（Trade Dispute Appeal Committee）へ控訴し、解決しない場合は、中央紛争委員会（Central Trade Disputes Committee）の最終決定を受けることになります。

2 社会保障関連法
ミャンマーの社会保障関連法は、以下のとおりです。
(1) 社会保障法（Social Security Act 1954）
公務員、国営企業および従業員5人以上の民間企業に適用されています。自営業や5人未満の民間企業は対象外です。

保険料は、労使とも月収の1.5％です。
i 疾病および衆参に対する給付
① 傷病手当金

疾病発生前26週のうち17週以上の保険料納付を満たした場合、標準報酬月額の50％を26週間支給されます。

② 出産手当金

出産予定日前56週のうち26週以上の保険料納付を満たした場合、標準報酬月額の66％を12週間支給されます。

③ 医療給付

被保険者期間中および退職後26週間は、疾病の場合現物給付を受けることができます。

④　埋葬費

配偶者または子どもに、1,000チャットが支給されます。

(2)　**労働者災害補償法（Workmen's Compensation Act）**

社会保障法でカバーされない従業員に対して使用者は、労働者災害補償法を適用する義務があります。

保険料は、月収の１％で全額使用者負担です。

i　業務上の負傷に対する給付

①　一時的軽度障害給付

障害発生時前17週間の平均標準報酬月額の67％が、15に区分された標準報酬月額表に基づいて障害発生日から52週間支給されます。

②　重度障害給付

障害発生時前17週間の平均標準報酬月額の67％が、15に区分された標準報酬月額表に基づいて支給されます。

③　常時介護支援付加給付

重度障害者に認定され、常時介護を要する場合は、医師の証明により平均標準報酬月額の25％を支給

④　軽度障害給付

障害の程度により、年金または一時金が支給されます。

⑤　医療給付

医療機関にて現物給付が受けられます。

⑥　遺族給付

被保険者の死亡の場合、遺族年金としてその配偶者に標準報酬月額の40％を再婚するまで支給されます。

⑦　孤児給付

孤児年金として、16歳以下の孤児３人までに対して標準報酬月額の13％が支給されます。

⑧　葬祭料

被保険者の配偶者または子どもに40,000チャットが支給されます。
(3) 年金制度
　ミャンマーの社会保障法は、老齢年金、障害年金および遺族年金などの年金制度はありません。

3　労働者福祉関連法

・ミャンマー母子福祉協会法（The Myanmar Maternal and Child Welfare Association Law）
　母子および家族への福祉業務および健康に関する支援などを定めています。

4　職業能力開発関連法令

　雇用訓練法、雇用制限法、雇用制限令などに基づき技術者および熟練・反熟練労働者の訓練など種々の職業訓練を展開しています。

5　労働事情

　5人以上の労働者を採用する場合は、地方労働事務所（Township Labour Office：TLO）に雇用条件など記載した求人票を提出し、同事務所から紹介された応募者リストから面接し採用を決定することが必要です。ただし、労働局の許可を受けて新聞に募集広告を出すことも可能です。この場合、従業員採用後労働局に採用内容を報告しなければなりません。なお、雇用できるのは18歳以上です。

コラム

ビルマ法典（The Burma Code）
　労働法・社会保障法の概要で述べたように、英国植民地時代に英領インドで形成されたインド法典を移植したビルマ法典は1958年までは制定法としてミャンマーで適用されてきました。しかし、1962年以降ビルマ法典は凍結又は廃止され現在に至っています。ビルマ法典は全13巻、計30篇で構成されていて、労働法・社会保障法関連法令のほとんどは第5

巻に収められています。

　インド法典の多くはその後の法の改定を経て現在に至っていますが、ミャンマーの場合軍事政権になって関連する法令は、1990年ミャンマー母子福祉協会法（法律第21号）、1993年子供法（法令つ第9号）、1999年海外雇用に関する法律（法律第1号）が制定されていますが、ビルマ法典の主要な法令の改正は行われていません。（行われていたとしても、情報公開がありませんので詳細不明です。）しかし、経済活動は行われていますので労働慣行として労働基準に基づく労使間の合意が形成されていることは必定です。

　ビルマ法典第5巻に収められている労働法・社会保障法関連法令は以下の通りです。

　　油田法（1918年ビルマ法第1号）
　　賃金支払法（1936年ビルマ法第4号）
　　労働者補償法（1923年インド法第8号）
　　労働組合法（1926年インド法第16号）
　　労働紛争法（1929年インド法第7号）
　　ドック労働者（雇用規則）法（1948年ビルマ法第3号）
　　農園労働者最低賃金法（1948年法律第44号）
　　雇用統計法（1948年法律第54号）
　　最低賃金法（1949年法律第66号）
　　雇用及び訓練法（1950年法律第37号）
　　油田（労働者及び福祉）法（1951年法律第21号）
　　休暇休日法（1951年法律第58号）
　　店舗及び営業所法（1951年法律第59号）
　　1951年工場法（1951年法律第65号）
　　社会保険法（1951年法律第76号）

　ミャンマー進出に際しては、外国投資法を管轄する政府機関で投資案件の第一次認可期間であるミャンマー投資委員会（Myanmar Investment Commission：MIC）で、労働法・社会保障法関連法令についてアドバイスや情報を入手してください。

【参考資料】
日本アセアンセンター〈http://www.asean.or.jp/ja/〉
JICAミャンマー事務所〈http://www.jica.go.jp/myanmar/〉
国際労働機関（ILO）労働法・社会保障法データベース
　〈http://www.ilo.org/dyn/natlex/country_profiles.home?p_lang=en〉
海外職業訓練協会（OVTA）各国・地域情報〈http://www.ovta.or.jp/info/〉
在日ミャンマー　〒140-0001　東京都品川区北品川4 - 8 -26
電話：03-3441-9291、ファックス：03-3447-7394〈http://www.myanmar-embassy-tokyo.net/〉
Social Security Programs throughout the World : Asia and the Pacific, 2010
　〈http://www.socialsecurity.gov/policy/docs/progdesc/ssptw/2010-2011/asia/index.html〉

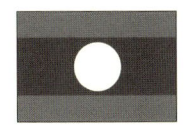

ラオス人民民主共和国
Lao People's Democratic Republic

執筆者：小堀　景一郎

I ── ラオスの概況

　ラオスは、インドシナ半島の中央に位置し、北は中国、東はベトナム、南はカンボジア、西はタイとミャンマーの5ヵ国に囲まれた内陸国です。国土の4分の3は高地または山岳部が占めています。タイとの国境沿いに東南アジア最大のメコン川が流れており、その流域に平野地域をつくり豊富な水や魚介類を提供するとともに、水力発電による電力提供、船による交通手段などメコン川の恩恵を受けています。ラオスは、多民族国家で、言語や文化の異なる民族が共存しています。ラオ族が全人口の60％を占めていますが、他にモン族など48民族が存在するといわれています。

　14世紀半ばに、最初の統一国家ラーンサーン王国が誕生し、15世紀から16世紀にかけて仏教文化を中心に全盛期を迎えましたが、その後3国に分裂、ビルマ（現ミャンマー）やシャム（現タイ）の侵略を受け、18世紀後半にはタイの支配下に入りました。1899年にベトナム、カンボジアとともにフランス領インドシナに編入されました。分裂していたラーンサーン3国はこの時に再統一されましたが、ラオ族のラーオ（Lao）の複数形ラオス（Laos）と呼ばれるようになりました。1953年にフランスから独立し、左派と右派との対立で内戦を繰り返しましたが、左派の愛国戦線（パテート・ラオ）を母体としたラオス人民革命党が政権を握りました。1975年に王制を廃止し、ラオス人民民主共和国（Lao People's Democratic Republic）が誕生し、現在に至っています。

　社会主義政権誕生後、計画経済を進めてきましたがうまく行かず、1986年にソ連、中国、ベトナム同様に市場経済を導入する経済改革に着手し、1997年のアジア経済危機の影響下アセアンに加入し、アセアン諸国との協力関係の中で経済成長を目指しています。

　ラオスは、国連開発計画（UNDP=United Nations Development Plan）が毎年発表する人間開発指数（HDI=Human Development Indicator）

によれば、対象国177ヵ国中135位と世界の最後発国（LDC: Least Developed Countries）に分類されています。水道水・井戸水などが利用できる人々は全世帯の58％、電気を利用できる世帯割合は45％で、国民の半数は、電気も水もない日常生活を送っています。このような衛生状態に加えて、医師数、医療機関の数も不十分で保健医療状態も十分とは言えない状況です。UNDPによれば、1日1ドル以下で生活する割合はラオスの場合26.3％に達している貧困層の人口を2015年までに半減することを目標としています。ラオス政府も、2003年に「国家貧困撲滅計画（ネップ：NPEP; National Poverty Eradication Program）を作成し、2020年までに最後発国からの脱却を目指して、貧困対策に取り組んでいます。計画では、農林業の生産性向上と収入拡大策、教育や保健衛生の充実、交通運輸網の整備、鉱工業の振興と投資拡大などに重点を置いています。

　外国からの支援がなければ社会資本の整備には時間が掛かる状況ですが、中国雲南省からラオスを経てタイのバンコクに通じる「南北経済回廊」とタイからラオスを抜けてベトナムへ向かう「東西経済回廊」の整備が進行しており、ラオスの内陸国ゆえのハンディキャップも解消されて、物流の中心として経済発展をすることが期待されています。アジア開発銀行は、この2つの回廊整備を含めて、メコン川を動脈にした経済圏「大メコン経済協力計画」を進めています。

■ラオスの基礎データ

国名	ラオス人民民主共和国 Lao People's Democratic Republic
国土面積	23万6,800平方キロメートル（日本の本州とほぼ同じ）
人口	612万人（千葉県とほぼ同じ）
首都	ビエンチャン
民族	ラオ族60%
言語	ラオス語
宗教	仏教
政体	人民民主共和国
議会	一院制（115名）
産業	サービス業（GDPの約42%）、農業（約33%）、工業（約25%）労働人口の約8割が農業に従事
GDP（名目）	約56億ドル（2009年）
一人当たりGDP	916ドル（2009年）
GDP成長率	7.6%（2009年）
消費者物価上昇率	0.034%（2009年）
失業率	不明
貿易	輸出　10.05億ドル（2009年） 輸入　14.14億ドル（2009年）
主要貿易品目	輸出　銅、縫製品、電力、金、農産・林産物 輸入　投資プロジェクト用建材、燃料、消費財、工業・縫製原料
主な貿易相手国	タイ、中国、ベトナム、韓国、ドイツ、フランス、日本他
通貨	キープ（Kip）

為替レート	1ドル＝約8,031キープ（2011年4月1日）
日本の援助実績 （2009年末まで）	有償資金協力　　189.30億円（2010年度まで） 無償資金協力　1,264.59億円（2010年度まで） 技術協力　　　約512.62億円
主要援助国	(1)日本　(2)オーストラリア　(3)ドイツ　(4)韓国　(5)フランス
対日貿易	日本からの輸入額　54.55億円 日本への輸出額　38.04億円
主な対日貿易品目	日本からの輸入　乗用車、バス・トラック、建設・鉱山用機械 日本への輸出　衣料付属品、はき物、コーヒー、木材
日本からの投資	縫製業、木材加工業、部品組立業、植林業、農業、電力、鉱業など
在留邦人数	490人（2009年10月現在）
在日ラオス人数	2,630人（2009年8月現在）

出所：外務省ホームページ

Ⅱ──労働法・社会保障法の概要

　社会主義国家であるラオスは労働者保護色の強い労働法に整備されてきましたが、1994年の改正労働法で労働に対する規制が少なくなりました。社会保障制度は、公務員に対する年金制度や医療制度しか存在していませんでした。2001年6月に民間の被用者向けの社会保障制度が施行され施行されましたが、首都ビエンチャン市内および周辺の企業への適用にとどまっています。社会福祉分野は、公的扶助法（生活保護法）の整備が不十分で、行政の裁量の範囲内での低所得者対策、ホームレスや親のない子供、身体障害者などに対して施策が行われています。ユニセフや国連、外国のNGOの支援に基づく施策に限定されている状況です。

1　労働関係法

　ラオスは、国際労働機関（ILO）加盟国であることから差別労働の禁止、強制労働の禁止、文書による労働契約締結義務、雇用契約解除の労働監督機関への通知、48時間労働、同一労働同一賃金などILO条約を基本とした労働法が制定されています。

(1)　労働基準関係法

　労働基準関連の法令としては、2006年に改正されたラオス労働法（Labour Law (Amended) 2006）、児童の権利及び利害関係保護関連法（Law on the Protection of the Rights and Interests of Children 2007）、女性の地位向上及び保護関連法（On the Promulgation of the Law on Development and Protection of Women 2004）、特定の職種として陸上輸送法（On the Promulgation of the Land Transport Law 1997）、鉱業法（Mining Law 1997）農業法（Law on Agriculture 1998）などがあります。労働基準の労働契約、解雇規則、賃金、労働時間、休暇、休日、年次有給休暇、時間外及び休日労働、時間外の割増賃金などは改正労働法に制定しています。労働法では、使用者と労働者との間で書面による

労働契約の締結を規定しています。労働契約の終了や雇用期間の長さに準じて退職金の支払いなどを規定しています。

i 労働契約

　ラオスの労働法では、労働契約又は雇用契約は使用者と労働者あるいはその代理人との間で作成すべきで、労使双方は労働契約の規定した義務を尊重しなければならないと定めています。労働者は忠実に職務を遂行する一方、使用者は労働契約に従って、職務、俸給、給料、福利厚生、ボーナスを提供しなければなりません。

ii 雇用契約の終了

　労働契約は、労使双方の合意による方法及び労働者の過失により終了できます。

① 労使双方の合意による方法

(a) 労働者が職務に必要な専門能力を欠いている、または健康状態が良好でないなど、業務を続けることができない場合、使用者は配置転換できないか考慮し適当な職務がなければ合法的に契約を終了できます。この場合、使用者は労働者に新たな仕事を探すために週1日の有給休暇を与えなければなりません。

(b) 業績に改善のため、人員の削減が必要となった場合、使用者は労働組合あるいは労働者の代表と協議の上、削減する労働者のリストを作成し同時に契約終了の合理的な理由を説明し、その旨を通告しなければなりません。

　上記いずれの場合も、使用者は雇用期間に応じて退職金を支払う必要があります。

・3年未満の勤務者に対して月収の10%
・3年以上の勤務者に対して月収の15%
・出来高払いの場合は、退職直近3ヵ月分の平均賃金に基づき給与が計算されます。

② 労働者の過失による契約終了

以下の場合には、使用者は退職金の支払いなしで労働契約を終了でき

ますが、少なくとも3日前に労働者に通告しなければなりません。
- ・会社に故意に損害を与えた場合（証拠が必要）
- ・使用者の警告にも関わらず、労働契約違反をした場合
- ・正当な理由なく4日連続して欠勤した場合
- ・故意の違反による裁判所から刑を宣告された場合

iii 労働時間

週6日、1日8時間または週48時間以内と定められています。危険を伴う職業の場合は、1日6時間、週36時間を超えてはならないとされています。また、年少者（14歳から18歳未満）の場合は、1日8時間または週48時間を超えて就労させることはできません。

iv 休憩・休日・休暇

休日は、1週間に1日（日曜日又は労使合意した日）と定められています。法定休日は政府が決定しています。月給制で働いている労働者は、医師の証明により年間30日までの有給休暇が取得できます。1年以上あるいは期間の定めない労働契約により1年以上働いている場合、年間15日の有給休暇を取ることができます。また、1日6時間を超えない勤務時間の労働者は、年間18日の有給休暇を取ることができます。なお、週休及び法定休日は年次有給休暇に参入されません。

v 時間外労働

時間外労働は、1ヵ月45時間、あるいは1日3時間以内とされています。継続的な時間外労働は、自然災害又は非常時以外は禁止されています。超過勤務に対しては、労使合意を前提に労働当局の許可が必要です。

時間外労働に対し、通常の時間外割増賃金150％、夜間の割増賃金200％となっています。休日労働の割増賃金は、通常の時間給の250％、夜間割増賃金300％となっています。また、時間外割増として、通常の時間給の300％として計算されます。

【2011年祝祭日】

1月1日（土）	新年　New Year's Day
1月20日（木）	国軍記念日　Army Day
3月8日（火）	ラオス婦人デー　Lao Women Day
3月22日（火）	国民パーティーの日　Lao People's Revolutionary Party Day
5月1日（日）	レイバー・デー　Labour Day
6月1日（水）	子供の日・植樹の日　Intl' Children's Day and National Tree Planting Day
8月15日（月）	憲法記念日　National Constitution Day
8月23日（火）	解放記念日　Liberation Day
10月7日（金）	教師の日　Teacher's Day
10月12日（水）	独立記念日　Independence Day
12月2日（金）	ナショナル・デー　National Day

出所：アセアンセンター

(2) 賃金関係法

労働法の規定以外に、最低賃金法など賃金関係特別法は存在しません。労働管理局により、最低賃金は一律月額29万ラオス・キープと決められており、現在は産業別の指定賃金は定められていません。

(3) 労働安全衛生関係法

ⅰ　衛生、病気予防および健康推進関連法2001

機械類の使用および導入の保護、保護具職業安全衛生の訓練、雇用期間中の健康診断、救急箱の備付など使用者に十分な安全を保障する義務を課しています。また、50人以上の労働者を雇用する事業所では、医療担当者の常駐を義務付けています。

(4) 労使関係法

労使関係は、平穏で秩序が保たれています。ストライキやデモは生じていません。

労働面の問題は、職場内での調停や労働組合および労働管理局の仲介で、解決されています。

ⅰ　労働法　（Labour Law（Amended）2006）

労働組合に対する政府及び事業所の義務、政府および事業に対する労働組合の義務、労働組合員の便益を定めています。

ii　労働組合法（LABOUR Union LAW 2007）

労働者の権利および利益を保護し、確保する指針を定めています。これにより労働者の権利意識が高まることが期待されています。

(5)　女性、年少者および社会的弱者保護関連法

以下の法があります。

i　児童の権利及び利害関係保護関連法（Law on the Protection of the Rights and Interests of Children 2007）

ラオスは、多くの若者を含む人口の80％が農村に住んでおり、農村の発展、教育機会及び雇用創出が課題となっています。多くの児童は、田畑などの家業で学校へ行けない状態です。この法により、職業訓練の推進、ナイトクラブ、ゲストハウス、ホテル、レストランでの就労および危険な仕事、健康に害のある業務の禁止、児童の権利などを定めています。

ii　女性の地位向上及び保護関連法（On the Promulgation of the Law on Development and Protection of Women 2004）

女性の地位向上と保護などを定めています。

労働法では、妊娠中あるいは1歳以下の子供がいる女性労働者は、重量物の運搬、長時間の立ったままの作業に従事させてはならないと定めています。女性労働者は、産前産後90日の有給出産休暇を取ることができます。出産による病気の場合は、医師の証明があれば、通常の50％の賃金を受給でき、少なくとも30日の追加休暇が認められます。出産後1年間は、託児所に子供を預けるか、職場に連れてくる場合、授乳、子供の世話など1日1時間の休憩が与えられます。出産給付として、賃金の60％に相当する給付を受けられます。双子以上の場合、給付額は50％増しとなります。流産の場合にも医師の証明により給付が受けられます。

(6)　労働紛争解決関連法

ラオス労働法では、2つの労働争議を定義しており、労働者から権利に関する苦情申し立てがあれば使用者は労働者と直接問題解決をすべきと定めています。申し立て後15日経っても合意に達せず、あるいは合意

事項が実行されない場合は、労働者はこの争議の調停を労働管理当局に申し立てることができます。労働管理当局が15日経っても解決できない場合は、その争議は人民法廷で審議及び判決を求めることができます。

・権利に関する争議
　労働法、労働規則、労働契約、就業規則その他規制に関する争議
・利害関係に関する争議
　新しい便益や権利についての使用者に対する苦情

また、経済紛争解決法（Law on Resolution of Economic Disputes 2005）に基づく経済的紛争解決は、当事者間で、調停、仲裁により友好的に解決しなければならないと定めています。

(7) その他雇用労働に関する法令

労働法、外国投資奨励法、商法で定めのある雇用以外の雇用については、商工省国内商業部計画投資委員会、労働福祉省（Ministry of Labor and Social Welfare：MoLSW）、その他の県警機関に照会、承認、許可を受けなければならことになっています。

2　社会保障関連法

ラオスは、アセアン域内の後発国で、社会保障制度は整備途上です。遅れた経済開発を優先するため、社会保障制度は後回しになったと考えられます。民間企業に対する社会保障制度は、1999年12月に10名以上の雇用者を雇用する事業所（10人未満の事業所も任意加入可能）を対象として制度化されました。運営主体は社会保障機構（Social Security Organization：SSO）で、政府・労使の３者による理事会により運営されています。

保険料は、労働者　月収の4.5％、使用者　労働者の月収の５％です。

(1) 年金制度

労働法にて、労働者は以下の条件が満たした場合、年金を受給することができると規定しています。

・60歳に達した者

第３章　加盟10ヵ国の概要　　217

・勤続年数が25年以上の者。退職前に5年以上継続して危険な業務従事した者は、勤続年数を20年とし、男性55歳、女性50歳からの受給
・上記要件を満たさない場合は、一時金を受給

以下の給付金の支給を行っています。

① 障害年金（職業能力を失ったとき。給付額の計算は、退職年金と同じ。最低賃金相当額の介護手当、遺族手当も含まれる。）受給資格：5年間の保険料納付

② 退職年金（原則60歳以降支給。給付額は、生涯平均賃金を基礎に保険料納付による獲得年金ポイント×1.5％。健康状態によっては、55歳から、または65歳受給開始も可能。受給前の離婚は、年金分割されます。）受給資格：5年間の保険料納付

③ 遺族年金（被保険者または年金受給者が死亡した場合に支給。1年間は月収の80％または寡婦年金（受給者が44歳以上などの条件あり）年金受給者の死亡の場合は、年金額の60％、年金受給時以前に被保険者が死亡した場合は、障害年金の60％及び孤児年金（18歳未満か25歳未満の修学中の子ども1人につき退職年金または障害年金の20％。）受給資格：5年間の保険料納付

(2) **医療保険制度**

労働法にて、困難な仕事あるいは健康に害をもたらす仕事に従事する労働者に、最低年に1回健康診断を受けなければならないと規定しています。業務上の疾病に関する治療費、病気休暇などの義務を使用者に負わせています。社会保障制度の加入者は社会保障制度からの給付となります。

(a) 医療給付（被保険者、配偶者、10歳未満の被扶養児童、労災による医療費は含むが交通事故は対象外）受給資格：過去12ヵ月中3ヵ月の保険料納付

(b) 疾病等休業給付（休業30日以上最長18ヵ月まで平均給与の60％、30日までは使用者が給付。18ヵ月以降は障害年金に移行）受給資格：過去12ヵ月中3ヵ月の保険料納付

(c)　妊娠手当（妊娠時の休暇３ヵ月の月収を全額給付。他に出産手当があり、新生児生後１年までは月収の60％支給）受給資格：過去12ヵ月中９ヵ月の保険料納付
　(d)　出産手当　受給資格：過去18ヵ月中12ヵ月の保険料納付
　(e)　埋葬料（被保険者本人の死亡の場合保険基礎月収の６ヵ月分。配偶者死亡の場合３ヵ月分、18歳未満の被扶養児童死亡の場合２ヵ月分。）受給資格：過去18ヵ月中12ヵ月の保険料納付

(3)　**失業保険制度**

　使用者は、就業規則、労働契約を作成し給付金等を確実に支給できるように、労働法で規定していますが、現在失業保険制度は未整備です。
（現在検討中の給付）児童手当および失業手当

(4)　**労働者災害補償保険制度**

　労働法は、使用者は労働災害で被災した労働者に緊急かつ適切な支援および補償をしなければならないと定めています。

　・労災、職業疾病手当（30日以降６ヵ月間は、月収の100％。以降18ヵ月までは月収の60％。それ以降は障害年金に移行。なお、通勤途上の災害は、労災とみなされていません。）

　ラオスの社会保障制度の対象となっているのは、一般公務員９万人、10人以上を雇用する民間企業従業員６万人に過ぎません。農業に従事する国民201万人には、まだ社会保障制度は適用されていません。WHOの援助で、農業従事者や自営業者を対象に地域医療保険制度（Community Based Health Insurance：CBHI）が保険省によりパイロット的に行われています。

3　労働者福祉関連法

　労働法・社会保障法の概要で述べたように、ラオスの社会福祉分野は、公的扶助法（生活保護法）の整備が不十分で、行政の裁量の範囲内での低所得者対策、ホームレスや親のない子供、身体障害者などに対して施策が行われています。ユニセフや国連、外国のNGOの支援に基づく施

策に限定されている状況です。

4　職業能力開発関連法令

児童の権利及び利害関係保護関連法（Law on the Protection of the Rights and Interests of Children 2007）、女性の地位向上及び保護関連法（On the Promulgation of the Law on Development and Protection of Women 2004）で、児童教育および女性の職業能力開発の強化を奨励しています。一方政府は貧困な地域に青年の技術向上、職業、技術および高等教育を拡充する目的で職業訓練学校の設立するため職業能力開発制度の普及に努めています。現在は、民間企業が独自に行う職業訓練が中心です。

5　労働・社会保障法令の改正動向

法令の改正情報はありませんが、労働法及び社会保障法の適用拡大や法整備は今後確実に行われるのは必定で、法令の改正動向に注視したいところです。

> **コラム**
>
> **ラオス経済特区**
>
> 世界有数の麻薬生産地であったタイ、ミャンマー、ラオスの3国の国境地帯のラオス側に、巨大なカジノやホテルが立ち並ぶ中国人街があります。元々約500人が住んでいた農村に、中国マネーで今では住民約5,000人に膨れ上がっていて、その8割が中国人といわれています。ラオス首相府の資料によれば、同国の経済特区は5ヵ所あり、うち2ヵ所を中国企業が開発しています。中国マネーが東南アジア農村部を侵食する情景の一端が伺えます。

【参考資料】
日本アセアンセンター 〈http://www.asean.or.jp/ja/〉
JICAラオス事務所 〈http://www.jica.go.jp/laos/〉
国際労働機関（ILO）労働法・社会保障法データベース
〈http://www.ilo.org/dyn/natlex/country_profiles.home?p_lang=en〉
三菱東京UFJ銀行編「投資ガイドブック、ラオス人民民主共和国」
海外職業訓練協会（OVTA）各国・地域情報 〈http://www.ovta.or.jp/info/〉
在日ラオス大使館 〈http://www.la.emb-japan.go.jp/index_j.htm〉
Social Security Programs Throughout the World: Asia and the Pacific, 2010
〈http://www.socialsecurity.gov/policy/docs/progdesc/ssptw/2010-2011/asia/index.html〉

カンボジア王国
Kingdom of Cambodia

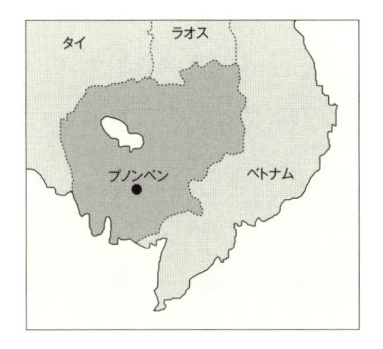

執筆者：中村　洋子

Ⅰ——カンボジアの概況

　Kingdom of Cambodia、カンボジア王国、通称カンボジアは、東部にベトナム社会主義共和国、西部にタイ王国、そして北部にラオス人民民主主義共和国と隣接する東南アジアの一国です。首都はプノンペンですが、世界文化遺産であるアンコール遺跡があるのは、その北側に位置するシェリムアップです。人口はおよそ1,505万人、公用語はクメール語で、クメール系の民族が90％以上を占めています。識字率は77％で、平均寿命は62歳です。また、気候は高温多湿の熱帯モンスーンで、11月から5月の乾季と、6月から10月の雨季とに分かれています。日本との時差は2時間遅れです。カンボジアの通貨はリエルで、リエルの他に米ドルが一般的に流通しています。1米ドル＝約4,180リエルです。銀行預金の97％がドル建てとなっています。

　歴史では、西暦200年から300年頃、古代国家である扶南（ふなん）というクメール王国が現在のカンボジアに設立されました。西暦550年頃には真臘（しんろう）が新たにクメール王国となりました。また、そのおよそ300年後の870年頃にアンコール・トムが、さらに1120年頃にはアンコール・ワットが造営されました。その後、時を経て、アジア民族諸王朝の衰退と欧米列強の進出が活性化し、1862年のフランス・サイゴン条約が締結された翌年、フランスの保護領となりました。1949年にシアヌーク国王の下でフランスから独立し、1957年11月に永世中立宣言を下しました。しかし、1960年台に入り、隣国ベトナムでアメリカの介入によるベトナム戦争が勃発すると、親米派のシアヌークは1970年3月に解任され、翌月にはアメリカによる軍事介入が起きました。また、1975年4月に、シアヌークを解任させたロンノル政権が崩壊し、後に共産主義であるポル・ポト政権が成立しました。1979年1月にベトナム軍の侵攻によりポル・ポト政権が打倒されるまで、独裁政権下では大量虐殺が行われました。そして、1982年7月に民主カンボジア連合政府が正式に発

足しました。およそ10年後の1993年9月にはカンボジア新憲法が発布され、シアヌークが国王に再即位しました。また、1999年4月、1967年に発足した東南アジア諸国連合（ASEAN）の最後の加盟国として調印しました。

　カンボジアの主要産業は農業ですが、最近では海外からの投資が増加し、輸出面では欧米からの受注で衣類産業が、また輸入面では海外からの観光客による収益で観光業が発展を遂げています。海外からの投資は、ASEANの中で最も優遇を受けており、中国と韓国、マレーシアからの投資が主立っています。最近では、韓国がシステム整備や人材育成で証券取引所の設立支援に成功し、取引所がプノンペンに開設されました。また、外国人向けのホテル、レストラン等のサービス産業が安定した成長を続けています。インフラ面では、道路や橋梁等の整備といった建設業にも投資が向けられています。カンボジア経済財務省の統計によりますと、2010年度の前年度比較では、農業で約4％、繊維業で約1.5％、建設業で約2.6％、電気、水道業で約4.6％、ホテル、レストラン業で約4.2％の伸び率を示しています。また、上場企業の法人税も2011年夏より3年間の暫定措置として20％から18％に引き下げられ、株式の売却により獲得された所得税も14％から7％に引き下げられました。IMF（国際通貨基金）によりますと、2011年のカンボジアのGDP成長率は6.8％になる見通しです。しかし、アンコール遺跡に代表される観光業で栄えるカンボジアが、タイやベトナムといった周辺諸国との観光業の競争力に勝つためには、交通機関等の移動手段の経費削減も必要となります。今後の日本からの支援としては、医療や安全衛生といった、インフラ設備におけるソフト面での投資に益々期待がかかっていくことと思われます。

■カンボジアの基礎データ

国名	カンボジア王国 Kingdom of Cambodia
国土面積	18.1万平方キロメートル（日本の約2分の1弱）
人口	1,505万人（2010年末）
首都	プノンペン
民族	カンボジア人（クメール人）が90%
言語	カンボジア語
宗教	仏教（一部少数民族はイスラム教）
政体	立憲君主制
元首	ノロドム・シハモニ国王（2004年10月即位）
国会	二院制 ・上院（全61議席、任期6年、チア・シム議長） ・国民議会（下院）（全123議席　任期5年　ヘン・サムリン議長）
産業	観光・サービス（GDPの38.8%）、農業（GDPの33.5%） 鉄鋼業（GDPの21.7%）
GDP	約116億米ドル（2010年　IMF資料）
一人当たりGDP	814米ドル（2010年　IMF資料）
消費者物価上昇率	4.0%（2010年　IMF資料）
失業率	3.5%（2007年　CIA資料）
貿易総額	・輸出　39億米ドル ・輸入　54億米ドル（2009年　MEF資料）
主要貿易品目	・輸出　衣類、履物、金、ゴム ・輸入　織物、石油製品、車輌、タバコ、医薬品
主要貿易相手国	香港、米国、シンガポール、カナダ、中国、ベトナム、タイ、日本

通貨	リエル
為替レート	1米ドル＝約4,180リエル（2009年平均）
日本の援助実績 （2009年末まで）	・有償資金協力　約313億円（2010年度までの累計） ・無償資金協力　約1,491億円（2010年度までの累計） ・技術協力　約555億円（2009年度までの累計）
主要援助国	(1)日本　(2)米国　(3)豪州　(4)フランス　(5)ドイツ
対日貿易 （2010年貿易統計）	・日本からの輸入額　約140億円 ・日本への輸出額　約182億円
主要対日貿易品目	・日本からの輸入　小型船舶、車輌・部品、機械 ・日本への輸出　履物、衣類及び付属品
日本からの投資	亜鉛鉄板工場、オートバイ組立、自動車販売等
在留邦人数	1,029人（2010年10月現在）
在日カンボジア人数	2,683人（2010年12月入管統計）

出所：外務省

【資料】

カンボジア対日2009年度指標		
経済	日本	カンボジア
GDP（US$/10億）	5,069.00	10.45
GDP成長率（%/年）	−5.2	−1.9
インフレ率、GDPデフレーター（%/年）	−0.9	5.1
農業、付加価値（GDP/%）	−	35
産業、付加価値（GDP/%）	−	23
サービス等、付加価値（GDP/%）	−	42
製品、サービスの輸出（GDP/%）	13	60
製品、サービスの輸入（GDP/%）	12	63
総資本形成（GDP/%）	20	21
交付金を除く収入（GDP/%）	−	11.0
現金黒字/赤字（GDP/%）	−	−2.3
市場	日本	カンボジア
企業開始に要する日数	23	85
上場企業の時価総額（GDP/%）	66.6	−
軍事費（GDP/%）	1	−
携帯電話保有者数（100人中）	90	38
インターネット使用者数（100人中）	77.7	0.5
先端技術の輸出（%）	20	−
対外関係	日本	カンボジア
貿易取引（GDP/%）	22.3	99.5
純交易条件指数（2000年度＝100）	74	85
総負債額（US$/百万）	−	4,364
製品とサービスの輸出の債務弁済（%）	−	0.8
労働者所得（US$/百万）	1,776	338
海外からの投資の純流入（US$/百万）	11,834	530
政府開発援助と公的支援（US$/百万）	−	722

出所：2010年12月世界開発指標データ

カンボジア経済構造				
GDP（%）	1999年	2008年	2009年
農業	43.3	34.9	35.3
産業	19.1	23.8	22.6
製造業	14.0	16.3	15.0
サービス業	37.6	41.3	42.0
一般家庭消費費用	91.2	78.0	73.7
一般政府消費費用	4.9	5.6	8.0
輸入商品サービス	53.6	67.8	62.7
平均年間成長率	1999年～2009年	2008年	2009年
農業	5.2	5.7	5.6
産業	13.0	4.0	−2.5
製造業	12.5	3.1	−6.0
サービス業	9.5	9.0	−1.4
一般家庭消費費用	7.9	12.5	−7.7
一般政府消費費用	10.9	5.0	45.9
総資本形成	13.9	16.0	9.7
輸入商品サービス	15.0	22.6	−4.9

出所：開発経済LDBデータベース

Ⅱ——労働法・社会保障法の概要

　カンボジアには、憲法、労働法、労働者社会保障法、閣僚会議令（Sub-Decree）、労働大臣令（Prakas）等があり、それらに基づき労働基準関係法令、労使関係法令、労働保険関係法令、雇用労働関係法令が規定されています。また、年金に関する社会保障法は、2002年に制定されましたが、運営しているのは1997年に制定され、2007年に設立された公的機関の国家社会保障基金（NSSF）です。NSSFでは、年金の他に健康保険と労災保険を取り扱っています。

1　労働関係法

　カンボジアの労働法は、1992年に制定された前身の労働法に代わり、1997年に制定されました。新しい労働法では、労使関係や労働条件の改善および労働者の保護が主体となっています。この労働法は、労働契約、最低賃金、労働組合、労働協約、社会保険、職業訓練についての項目を網羅しています。また、労働裁判の必要性についても言及しています。

(1) 労働基準関係法

i　契約の種類・期間

　カンボジアの労働法は、1997年に制定されました。この労働法は、裁判官、公務員、警察、軍人、航空および水上交通機関の労働者、家事使用人以外のすべての労働者と使用者に適用されます。適用除外者には、別途法令が適用されます。労働契約は、書面または口頭で締結されます。労働者には、無期労働契約者と有期労働契約者とがあります。有期労働契約は2年を超えてはなりませんが、更新することができます。また、2年を超える更新は無効です。有期労働契約には、労働契約期間を明記する必要があります。ただし、休業中の労働者の代理や季節労働者、期間労働者、パートタイム労働者、日雇い労働者は除きます。試用期間については、3ヵ月を超えてはなりません。また、強制労働と前借金返済

の相殺のための労働は禁じられています。

ii 雇用契約の終了

　使用者は、6ヵ月以上の労働契約の場合は10日前までに、1年以上の労働契約なら15日前までに、更新の有無を労働者に通知しなければなりません。これに違反した場合は、前期間と同等の労働契約もしくは無期労働契約を結んだこととみなされます。

　無期労働契約は、いつでも解除できますが、あらかじめ書面にて相手方に通知しなければなりません。6ヵ月未満の雇用の場合は7日前までに、6ヵ月以上2年未満の場合は15日前までに、2年以上5年未満の場合は1ヵ月前までに、5年以上10年未満の場合は2ヵ月前までに、10年以上の場合は3ヵ月前までに相手方に通知しなければなりません。労働者は通知されてから、次の就職先を探すために週2日の有給休暇を取ることができます。

　使用者が雇用契約書に不正した場合や、未払い賃金、暴力や暴言、安全衛生管理を怠った場合、もしくは労働者が不正行為をした場合や、安全衛生規則に違反した場合、脅迫や暴言、政治的活動を行った場合には、事前通知なく契約の解除をすることができます。

　また、事前通知する場合は、8日以上前にしなければなりません。使用者は、解雇手当として、6ヵ月以上1年未満継続雇用した労働者には7日分の、1年以上継続雇用した労働者には15日分の賃金を支払う義務があります。レイオフの場合、レイオフの対象者は専門職従事者でなくかつ労働期間が短い者から始めます。職場復帰した場合、2年間は前の職種に従事することができます。

iii 労働時間

　労働時間は、1日8時間、1週間48時間以内ですが、使用者は1週間48時間を超えなければ、労働者に1日9時間まで労働させることができます。また、職種によっては1日10時間まで労働させることもできますが、その職種は大臣令で決められています。8時間を超えた分には割増賃金が加算されます。

iv　休憩・休日・休暇

　労働時間は、1日8時間、1週間48時間以内です。労働時間を超えた場合の割増賃金は、通常の50％増または深夜勤務（午後10時から午前5時）や休日勤務の場合は100％増になります。災害等臨時の必要がある場合は、大臣令により労働時間を延長することができます。ただし、労働できなかった時から15日以内（農業は1ヵ月以内）に延長の申請をします。延長できる労働時間は1日1時間かつ1日の労働時間は10時間以内、また1年30日以内です。

　休日は毎週日曜日です。ただし、労働者全員の休日を日曜日にすることにより通常業務に影響を及ぼす場合は、他の日を休日としたり、日曜日の午後から月曜日の午前を休日としたり、労働省の認可を得て交代制にしたりすることができます。交代で休日を取れる業種とは、食品産業、ホテル産業、生花の販売店、病院、新聞出版業、美術館、レンタカー業、電気・水道業、生鮮原材料取扱店、安全衛生や公共の産業等があります。また、災害等臨時の必要がある場合は、休日を延期し他の日に振り替えることができます。

　農業等で悪天候のため休日となった時は、最長月2日を休日から差し引くことができます。その場合、労働監査官の許可なく休日を延期できますが、代休を取らなくてはなりません。

　有給休暇は、大臣令で決められており、年次有給休暇とは別に与えられます。この場合の休暇は、日曜日に当たる場合は翌日の月曜日が休暇となります。年次有給休暇は、1ヵ月1.5日の割合で与えられ、3年毎に1日加算されます。また、年次有給休暇は雇用された日から継続勤務して1年後に使用できる権利が発生します。年次有給休暇は3年を超えた持越しはできず、持越しできる部分は1年で12日を超えた日となっています。有給休暇の種類には、週休、祝日、病気休暇、産前産後休暇、年次有給休暇、慶弔休暇があります。年次有給休暇の発生付与日は、毎年クメール正月（4月中旬）です。

(2) 賃金関係法

　賃金の支払方法は、3種類あります。月払い、日払い、時間払いの労働者、出来高制の労働者、手数料の支払いのみを受ける労働者です。賃金台帳は3年間保存します。賃金は労働協約で定められた金額でかつ最低賃金以上でなければならず、書面もしくは口頭での契約内容が最低賃金以下の場合、その契約は無効となります。最低賃金は、経済状況を考慮した上、大臣令により設定されます。ただし、最低賃金が適用されるのは、縫製、繊維、製靴業の労働者のみで月額56ドルから61ドルとなっています（56ドルは試用期間中の賃金です）。

　有給休暇や解雇手当は、直近12ヵ月の平均賃金で、手数料が加算されます。また、解雇手当は、労働契約期間に応じた賃金が支払われます。労働協約が無い場合、解雇手当は契約期間に支払われた賃金の5％です。

　賃金は、別段の定めがある場合を除き、直接労働者に事業場にて現金で支払われます。支払日が休日の場合は、1日前に支払われます。また、賃金は月2回以上支払われ、1回目と2回目の間は16日以内となります。契約満了時には、48時間以内に賃金を支払わなければなりません。賃金の支払が滞った場合は、労働監査官が使用者に支払命令を下します。賃金の支払についての訴訟の時効は賃金の支払義務が生じた日から3年です。

　賃金から差し引いて良いものは、業務上に必要な道具や機材、原材料等の代金です。また、賃金には健康保険料、家族手当、通勤手当、特定の労働者に支払われる特別手当は含まれていません。

　賃金の一部は現物支給で支払うことができます。妻子のいる労働者には家族手当を米で支払うことができます。ただし、家族手当の支給対象となる者は、同居で収入の無い妻と満16歳未満の子です。短時間労働者でない労働者は、使用者から住居を与えられます。住居が与えられない場合は、住居手当が支給されます。

(3) 労働安全衛生関係法

　同居の親族のみを使用する事業場以外の全ての事業場に適用されま

す。ただし、同居の親族が労働者の場合でも、ボイラーや危険な機械を取り扱う事業場なら適用されます。使用者は労働者に快適で安全な作業環境を提供しなければなりません。特に安全配慮義務が必要なのは、落下の危険性がある場合、重機を移動する場合、危険な機械や器具の保護が必要な場合、隔離された施設で作業する場合、液体流出の危険性がある場合、火災の防止に努める場合です。安全衛生に違反した場合、労働監査官は使用者に通知を出します。違反が深刻な場合は労働監査官が報告書を作成します。また、事業場には安全衛生を管理する産業医を選任しなければなりません。50人以上の労働者を使用する事業場は、医務室を併設しなければならず、また、薬や応急処置に係る費用は使用者が負担します。

(4) 労使関係法

　労働協約は、使用者と労働者代表との間で労働条件を決定するためにあります。また、労働者の社会的危機から保護するものでもあります。労働者には、ストライキや非暴力的デモの参加の自由が認められています。労使は、研究、利益追求、権利保護のために団体組織を結成することができます。労働組合の代表者は、25歳以上でクメール語の読み書きができ、刑罰歴がなく、最低1年以上の職務経験がある者に限ります。労働組合には団体交渉権があり、労働協約を締結する権利があります。使用者は、労働者の採用、昇進、賃金、職業訓練、解雇を組合加入の有無によって判断してはいけません。また、労働組合の経済的支援や賃金から組合費を控除することも禁止されています。組合の代表者の選出等に関する事項や労働紛争の解決が困難な時は、国会が制定する労働裁判で判決されることになります。

(5) 女性、年少者および社会的弱者保護関連法

　賃金を支払われる労働者の最低年齢は、満15歳以上です。また、健康や道徳に有害な業務に就業できる最低年齢は満18歳以上です。職種は労働大臣令で定められています。満18歳未満の年少者は危険な業務や坑内労働に従事してはなりません。深夜業も禁止されています。満12歳以上

満15歳未満の児童は、修学に影響を及ぼさない限り、健康や精神、肉体的に健康で軽易な労働に就くことができます。これも労働大臣令で定められた業種に限ります。年少者を使用する者は、労働監査局に年少者の個人情報を提供しなければなりません。

妊娠している女性労働者は90日間の産前産後休暇を取得できます。休業中は賃金の50％が支給されます。ただし、賃金の支給があるのは、1年以上雇用されている女性労働者に限ります。休暇後職場復帰してから2ヵ月は、軽易な業務のみ労働することができます。使用者は、産前産後休暇中の女性労働者を解雇してはいけません。生後満1年に達しない生児を育てる女性は、1日1時間授乳する時間を使用者に請求することができます。また、1日2回各々30分で取得することもできます。100人以上の女性労働者を使用する者は、事業場の近辺に託児所を併設しなければなりません。併設できない場合は、使用者は女性労働者に託児手当を支払わなければなりません。

遠方より雇用された労働者を解雇する場合は、使用者は旅費を負担しなければなりません。ただし、労働者に非がある場合はその必要はありません。

(6) 労働紛争解決関連法

労働契約に関する個別紛争や、時間外労働等に関する団体労働争議は、通常業務に支障をきたしたり、社会的秩序を乱したりしかねません。当事者である労使は、労働監査官に調停を依頼することができます。労働監査官は、依頼を受けてから3週間以内に当事者から内容聴取します。労働監査官は正式な報告書を作成し、当事者が署名します。和解が成立しなかった時は、2ヵ月以内に裁判所に起訴することができます。労働監査官は法的手続きを開始し、労働省は争議の通知を受けてから48時間以内に調停委員を任命します。調停は委員の任命後15日以内に行われます。調停の間、当事者は他の紛争にかかわることはできず、また全ての調停に参加しなければなりません。正当な理由がなく欠席した場合は、罰金が科せられます。調停が合意に至った場合は調停委員が署名し、至

らなかった場合は48時間以内に労働省に報告書を提出しなければなりません。合意に至らなかった場合、労働協約による手続きを経て、3日以内に労働省が調停委員会を開会します。調停委員会は、事業場の経営状況や労働者の社会的地位を調査できます。調査内容は守秘義務が保たれます。開会後15日以内に労働省に決定が報告され、当事者は決定通知書が送付されてから8日以内に異議申し立てをすることができます。また、紛争解決手続きは無料で行われます。

(7) その他雇用労働に関する法令

カンボジアの労働者は、労働監査官が発行した雇用カードを保持しなければなりません。雇用カードには、労働契約期間、賃金（支払方法含む）、労働契約更新の有無が記載されています。カードの発行手数料は、労働省と財務省の両大臣令で決定された国家予算で賄われています。また、カードを紛失した場合は、労働監査官に再発行の依頼をします。

随時8人未満の労働者を使用する事業場は、開設届および廃止届を30日以内に労働省に提出しなければなりません。また、使用者は労働者の雇い入れおよび雇い止めの際にも15日以内に労働省に届け出しなければなりません。

常時8人以上の労働者を使用する事業場は、就業規則を作成しなければなりません。就業規則には、雇用条件、賃金、現物支給（米）、労働時間、休憩時間、休日、安全衛生について記載することとなっています。また、就業規則は、労働者代表の意見を聴いて、使用者が事業開始後3ヵ月以内に作成し、労働監査官の承認を受けなければなりません。就業規則は、事業場内の見やすい場所に掲げます。

2　社会保障関連法

カンボジアの社会保障関連法は、国家社会保障基金（NSSF）によって運営されています。NSSFは1996年6月と1997年12月に制定された閣僚会議令に基づいて、2007年に設立されました。常時8人以上の労働者を使用する事業場は、社会保障制度に登録しなければなりません。社会

保障とは、年金制度と労働者災害補償保険制度を指します。使用者および労働者は、国籍、人種、性別、信条、言論、出身、社会的身分、労働組合の加入の有無に関わらず、社会保障制度の対象者です。また、6ヵ月以上継続して雇用されていた者は、雇用契約満了後3ヵ月以内に申請すれば、引き続き社会保障制度に加入することができます。労使は基金に対する保険料の納付義務があります。

(1) 年金制度

老齢年金、障害年金、遺族年金の3種類があり、55歳から老齢年金を受給できます。ただし、受給権者は、20年以上NSSFに加入していたこと、受給権発生日前までの直近10年間のうち60ヵ月以上保険料を納付していたこと、という2つの要件を満たしていなくてはなりません。

障害状態になり、労務不能となった場合、55歳より前に年金を受給することができます。老齢年金および障害年金は、受給権発生日後12ヵ月以内にNSSFに請求します。請求書が受理された日の翌日の翌月初日に年金を受け取ることができます。また、55歳以上の退職者で保険料の納付が60ヵ月未満で年金受給要件を満たしていないときは、老齢年金を一時金で受給することができます。

55歳より前に障害年金を受給するには、5年以上NSSFに加入し、障害状態になる日前までの直近12ヵ月間に6ヵ月以上保険料を納付していたことが必要となります。

年金受給権者もしくは180ヵ月以上のNSSF加入者が死亡した場合は、その遺族に年金が支給されます。180ヵ月未満の場合は、その遺族に一時金が支給されます。

(2) 医療保険制度

カンボジアには、公的な医療保険制度は存在していません。しかし、貧困国向けに非政府組織が運営しているHealth Equity Funds（HEFs）という医療保険制度に加入しています。人口の約35％が貧困層というカンボジアでは、医療保険制度が機能していないと医療費がかさみ、特に受診する機会の多い女性と子供にとっては、医療費の負担は深刻な問題

です。また、医療の資質も良好ではありません。保険省は、予算を立て替えしながら医療保険の整備に尽力しています。HEFsは、貧困層にとってのセーフティネットであり、主に患者の移送費と食費を負担しています。ただし、対象となるのは指定された地方病院での診療のみです。また、国民の認知度も高くはありません。今後の改善策としては、医療スタッフの増員等医療の資質の向上と資金援助が挙げられます。

(3) **失業保険制度**

現在のカンボジアでは、日本のように在職中に雇用保険をかけて退職後に失業保険を受給できるような法整備はなされていません。しかし、解雇予告を受けた労働者は、就職活動のため週2日の有給休暇を取得することができます。

(4) **労働者災害補償保険制度**

労働時間中もしくは通勤途上での災害は、労働災害として認められます。業務に起因する病気も労働災害になる場合があります。労働災害が発生すると直ちに使用者に連絡しなければなりません。使用者は労働災害発生の事実を知った時から48時間以内にNSSFに報告しなければなりません。災害補償として、療養補償、休業補償、障害補償、遺族補償があります。療養補償には、投薬、手術、検査、リハビリテーションが含まれ、移送費が支給されます。一時的に労務不能となった場合は、休業補償が支給されます。負傷した労働者は、労働できない期間休業補償が支払われます。休業補償は、労働できないために賃金を受けない日の第4日目から支給されます。労働できないために休業した期間が4日に満たない場合は、通常の賃金が支払われます。労働者の故意の過失による労働災害が起きた場合は、休業補償はありません。また、労働者の故意の犯罪行為もしくは重大な過失により労働災害が発生した場合は補償額を減額し、使用者の故意の犯罪行為により労働災害が発生した場合は加算することができます。労働者が死亡した場合もしくは障害が残った場合は、補償は年金として支給されます。介護が必要な労働者には、介護補償が支給されます。その他必要に応じて、現物支給として療養費が支

払われます。休業補償は、労働者が治癒するまでもしくは死亡するまで支給されます。休業初日の手当は、使用者が支払います。

障害補償は、障害の状態によって年金もしくは一時金として支給されます。労働者が死亡した場合は、埋葬料と遺族年金が支給されます。遺族年金の受給資格者は、婚姻関係が継続している配偶者、被扶養者である子、生計維持関係のある父母祖父母です。

災害補償を受給している者が、さらに労働災害にあった場合、補償額が再計算されます。また、障害の状態が毎回確認されます。休業補償と埋葬料の請求権は事故発生後1年、老齢、障害、遺族補償年金は5年で消滅します。また、補償の転給はありません。老齢補償と障害補償が同時に支払われる場合は、いずれか高い方が支給されます。

保険給付に関する決定に不服のある者は、居住地が管轄する裁判所で不服申し立てをすることができます。

3　労働者福祉関連法

カンボジアの人権（女性と子供の権利含む）は、憲法で定められています。人種、肌色、性別、言語、信条、支持政権、出生、社会的地位に関わらず、クメール人（カンボジア人）は法の下で全て平等で、職業選択の自由と賃金の平等が保障されています。女性差別は禁止されており、妊娠を理由に解雇されることは許されず、産前産後休暇中の賃金は50％支給され、休暇中も職務上の地位と権利が保障されています。社会的支援を十分に受けられない女性は、雇用、医療、養育、住居の機会が施されます。子供は生命、教育、戦争時の保護、虐待からの保護が憲法で規定されています。貧困層は無料で診察を受けることができます。また、政府は、NSSF等労働者向けの社会保障制度を創設しています。

4　職業能力開発関連法令

カンボジアの労働・職業訓練省では、国際基準に従って労働者に職業能力の向上を図らせるため、首都プノンペンに3ヵ所、その他地域に4

ヵ所の職業訓練学校を設けました。訓練期間は3ヵ月から6ヵ月で、受講者は無料で自動車整備、溶接、建設、電気工事等の工芸教育を受けることができます。しかし、実際にカンボジアでは、経済事情により法として成り立っていないのが現状です。国際労働機関（ILO）とカンボジア労働省は、働き甲斐のある職業を提唱するために、2011年から2015年にかけて、訓練監督官の能力形成のための職業訓練を行います。訓練内容は、働き甲斐のある職業についての専門知識と、国家の利害関係者への意識改革です。訓練参加者は、労働省の政策立案者、使用者の代表、労働組合の代表、国家統計研究機関の統計学者です。職業訓練の監督官は、労働者とともに働き、明確な指示をし、支援を惜しんではなりません。ILOでは監督官の養成講座開始後5年で、カンボジアの衣料産業の活性化に貢献しています。カンボジアの衣料産業は、年間国内総生産（GDP）のうち、25億米ドルを占めています。近年では、監査官の指導により衣料産業の職場環境は改善し、国際競争の舞台にも立つことができるようになりました。

5　労働事情

　カンボジアの労働者人口は、880万人（2010年現在）で、24歳以下の労働者が全体の54％を占めています。30代から40代の労働者人口は、かつての内戦により極端に減少しています。

　また、カンボジアには、一般の労働法の他に、農園、農場、森林業、漁業に特化した労働法があります。ただし、一般の労働法同様同居の親族のみ使用する事業には適用されません。

　使用者は、労働者に衛生的な水の補給をしなければなりません。また、食糧品の購入が不便な場合、使用者は労働者のために、農園の近辺に生鮮小売店を経営することができます。

　使用者は、労働者が死亡した場合、棺、白服、斎場や墓場への輸送費、1ヵ月分の賃金に相当する埋葬料を負担しなければなりません。

　100人以上の女性労働者を使用する者は、託児所を併設しなければな

りませんが、満2歳以上の子を育てる女性労働者には、米やその他食糧を支給しなければなりません。託児所を利用できる子は満6歳までです。満6歳以上の子が20人以上いる労働者の使用者は、農園の近辺に学校を併設しなければなりません。

　外国人労働者を使用する時は、外国人が労働許可書を所持していなくてはなりません。労働許可書の有効期限は1年ですが、滞在期間に応じて延長できます。弁護士や公務員等の専門職では、カンボジア人が優先されます。

6　労働・社会保障法令の改正動向

　行政は、労働者のみならず求職者および失業者に関しても、労働条件や労働環境に違反していないか監視し、必要があれば是正勧告します。管理監督する行政担当者の基準は、労働大臣令で定められています。行政担当者にはその任務を終えた後も守秘義務があります。また、外部から医療、機械、電気、化学、環境の専門家を採用することもできます。行政担当者は、いかなる利益も得てはなりません。採用、賃金、職業訓練、労働力の動向、資源、労働条件、安全衛生について調査するための労働監査委員会は年に2回以上開催され、医療、経済、文化に精通した専門家を交えることもできます。労働監査委員会は、最低賃金の保障と労働協約の助言を行うことができます。

　労働契約に関する個別紛争は労働裁判所で解決されるべきで、その機能は法律により定められるべきですが、現在労働裁判所は存在せず、一般の裁判所で解決されています。また、個別の労働契約改善のために、団体交渉が認められています。

　近年カンボジアでは衣料産業が盛んで、30万人以上の労働者を抱える300社ほどの衣料関連企業が、団体交渉、仲裁、生産性についての覚書を労使間で交わしました。それにより企業間での労使関係が改善し、生産性の向上につながると期待されています。

　また、国際労働機関の支援を受けている国家統計研究機関（NIS）に

よると、カンボジアの経済は、過去20年間で中央集権的計画経済から自由経済体制へ移行しており、貧困問題の解消に深く関与しています。過去数十年間で、女性労働者を含む労働者人口の増加や職業訓練を受けた労働者の増加、失業率の低下がみられますが、カンボジアの生産性は、まだ他のASEAN諸国に比べ劣っているといわざるを得ません。今後は労働者にとって働き甲斐のある職業の実現化のために、労働者人口の構造、労働力の発展、労働者の推移、職場の安全衛生、生産性、児童の労働、産業関係の改善が重要となります。

コラム

2010年5月、筆者は世界文化遺産のあるアンコール遺跡を訪れました。2012年には、世界遺産登録20周年を迎えます。地雷に代表される1990年代の内戦の爪痕は見られず、西洋からの観光客が多い治安の良い観光国に思われました。ホテルやレストラン、土産物産店等観光施設で働く人々は、25歳くらいまでの青年や女性が多いと感じました。一方観光地の外れでは、高床式の家屋で生活する人々の暮らしがあり、時折観光客にシルク素材の織物や飲料水を売るため必死に声をかけていました。また、観光地の裏側では、親を失ったような子供の姿を見かけることも少なくありませんでした。そのような子供達は、観光客を見ると無言で、細く汚れた手を差し出し、物や金銭をねだり、まるで観光地の光と影という現実を映し出しているかのようでした。

【参考資料】
カンボジア労働法（Kram March 13, 1997 Labor Code）
カンボジア国家社会保障基金法（September 25, 2002 Social Security Schemes）
国際労働機関カンボジア労働関係報告書（September 30, 2010 / May 4, 2011）
カンボジア憲法（September 21, 1993 Constitution of Cambodia）
アムネスティ・インターナショナル報告書（Amnesty International Annual Report 2011）
世界銀行調査（The World Bank, Cambodia Data & Statistics）
ユニセフ医療保険制度報告書（UNICEF supported HEFs / May 2008）
ワールド・ファクトブック（CIA/October 2011）

【著者紹介】

□小堀　景一郎（こぼり　けいいちろう）
　社会保険労務士／ジェトロ認定貿易アドバイザー／ＣＦＰ®／
　企業年金コンサルタント／一級ファイナンシャル・プランニング技能士
　大阪外国語大学英語学科卒業
　著書：「インドへの投資ガイドブック」（共著）第一法規

□政岡　英樹（まさおか　ひでき）
　特定社会保険労務士／日本マンパワー認定人事コンサルタント／
　企業年金コンサルタント／年金コンサルタント／第１種衛生管理者／
　中央労働災害防止協会認定心理相談員
　産業能率大学マネジメント学部卒業
　著書：「医療・介護編　職場の難問Ｑ＆Ａ」（共著）医学通信社

□山田　恵子（やまだ　けいこ）
　特定社会保険労務士／企業年金コンサルタント　ＡＦＰ®／
　神戸商工会議所エキスパート相談員／キャリアコンサルタント
　関西大学法学部法律学科卒業

□大野　壮八郎（おおの　そうはちろう）
　社会保険労務士／年金コンサルタント
　早稲田大学第一商学部卒業

□太田　育宏（おおた　いくひろ）
　特定社会保険労務士／年金コンサルタント
　創価大学経済学部経済学科卒業

□中村　洋子（なかむら　ようこ）
　社会保険労務士／年金コンサルタント
　神戸市外国語大学外国語学部国際関係学科卒業

□山地　ゆう子（やまじ　ゆうこ）
　社会保険労務士／年金コンサルタント
　京都大学法学部卒業

国際労働社会保険法研究会

2003年から2004年にかけて兵庫社会保険労務士会主催の継続研修セミナー講師（現研究会代表）が「2国間の社会保障協定と外国人雇用問題」、「国際間労働移動における年金問題」を通じて進展するグローバル時代、社会保険労務士は顧問先企業の海外進出に際しての相談に対応できるよう進出先の労働法や社会保険法などの研究の必要性をアピールした。セミナー後、出席者から研究会立ち上げの提案がなされ、研究会に賛同する兵庫県下の社会保険労務士会員に呼びかけて2007年4月に12名でスタートし現在に至る。現在会員数は8名。米国年金制度の年金請求の事例発表、海外年金制度、海外労働法、中国の労働契約法などを会員が発表し全員で議論し情報を共有している。

アセアン諸国の労務管理ハンドブック
―加盟10ヵ国の経済環境と労働・社会保障関係法令のポイント―

2012年2月1日　発行

編著者	小堀 景一郎／政岡 英樹／山田 恵子
著 者	大野 壯八郎／太田 育宏／中村 洋子
	山地 ゆう子
発行者	小泉 定裕

発行所　株式会社 清文社

東京都千代田区内神田1-6-6（MIFビル）
〒101-0047　電話 03(6273)7946　FAX 03(3518)0299
大阪市北区天神橋2丁目北2-6（大和南森町ビル）
〒530-0041　電話 06(6135)4050　FAX 06(6135)4059
URL http://www.skattsei.co.jp/

印刷：大村印刷㈱

■著作権法により無断複写複製は禁止されています。落丁本・乱丁本はお取り替えします。
■本書の内容に関するお問い合わせは編集部までFAX(06-6135-4056)でお願いします。

ISBN978-4-433-55961-8

平成23年版
租税条約関係法規集

財団法人 納税協会連合会　発行

[Web版サービス付き]

国際税務に携わる実務家のための必携書！

わが国が締結した租税条約（協定）を完全網羅。租税条約（協定）の英語（仏語）正文を完全収録。租税条約等の実施に伴う特例等に関する法令を収録。OECD条約モデル・国連条約モデルを収録。

■A5判2,060頁/定価 9,975円（税込）

改訂新版
中国駐在員の選任・赴任から帰任まで完全ガイド

三菱UFJリサーチ＆コンサルティング㈱
国際事業本部 チーフコンサルタント　　藤井 恵 著

中国駐在員の選任方法や日中双方での社会保険・税務、現地でのトラブルから駐在員の給与設定、赴任者規程の作成まで、駐在員に関わる実務上の留意点を、実際の顧客からの質問を中心に、106のQ&Aでわかりやすく解説。

■A5判352頁/定価 2,520円（税込）

改訂新版
海外勤務者の税務と社会保険・給与Q&A

三菱UFJリサーチ＆コンサルティング㈱
国際事業本部 チーフコンサルタント　　藤井 恵 著

海外勤務者の日本での税務・社会保険の取扱い、海外勤務中の給与体系・危機管理・健康管理・子女教育や勤務地国での税務上の取扱いなどについて、116のQ&A方式で図表等をまじえて実務的にわかりやすく解説。

■A5判432頁/定価 2,940円（税込）